Franziska Gürtler
Sonja Schmid
Gerald Richter

50 historische Wirtshäuser
in Niederbayern

Verlag Friedrich Pustet
Dr. Peter Morsbach Verlag

Bibliografische Information der Deutschen Nationalbibliothek
Die Deutsche Nationalbibliothek verzeichnet diese Publikation
in der Deutschen Nationalbibliografie; detaillierte bibliografische
Angaben sind im Internet über http://dnb.d-nb.de abrufbar.

ISBN 978-3-7917-2642-7
© 2014 by Verlag Friedrich Pustet Regensburg und
Dr. Peter Morsbach Verlag Regensburg
Satz: Dr. Peter Morsbach Verlag nach einem Entwurf von grafica – Astrid Riege
Einbandmotive: vorne: Gasthof Wasner in Bad Birnbach; hinten links: Huberwirt in
Münchham; hinten rechts: Brauereigasthof Zum Kuchlbauer in Abensberg
Druck und Bindung: Friedrich Pustet, Regensburg
Printed in Germany 2014

weitere Publikationen aus unserem Programm finden Sie
auf www.verlag-pustet.de bzw. www.drmorsbachverlag.de
Kontakt und Bestellungen unter verlag@pustet.de

Inhalt

„Eine der schönsten Erfindungen neuerer Zeit sey das Speisen nach der Karte" 5

1	Der Gasthof zur Post in Riedenburg	13
2	Brauereigasthof Schwan in Riedenburg	16
3	Klosterschenke Weltenburg in Kelheim	19
4	Brauereigasthof Zum Kuchlbauer in Abensberg	25
5	Gasthof Plank in Lindkirchen	30
6	Hotel-Gasthof Seidlbräu in Mainburg	34
7	Gasthof Sixt in Rohr	38
8	Gasthof Eigenstetter in Rottenburg an der Laaber	41
9	Hotel Goldene Sonne in Landshut	44
10	Weißes Bräuhaus zum Krenkl in Landshut	47
11	Restaurant Bernlochner in Landshut	52
12	Tafernwirtschaft Hotel Schönbrunn in Landshut	56
13	Der Grosswirt in Mirskofen	59
14	Landgasthof zur Post in Mengkofen	62
15	Hotel-Gasthof Postbräu in Dingolfing	66
16	Schlosswirtschaft in Gerzen	70
17	Der Schlappinger-Hof in Reisbach	74
18	Gasthaus und Metzgerei Hermann Reger in Falkenberg	77
19	Der Kupferkessel in Tann	80
20	Das Schlossberghaus Reichenberg in Pfarrkirchen	84
21	Die Historische Gaststätte Unterm Rain in Straubing	87
22	Gasthof zum Geiss in Straubing	90
23	Schlossgasthof Steinach in Steinach	94
24	Landgasthof Buchner in Welchenberg bei Niederwinkling	98
25	Schlosswirtschaft in Moos	101

26	Hotel-Gasthof bayr. Löwe in Osterhofen	104
27	Der Gasthof zur Post in Winzer	107
28	Das Bräustüberl im Kloster Aldersbach	113
29	Zum Kirchenwirt in Aidenbach	118
30	Der Gasthof zur Post in Aicha vorm Wald	121
31	Restaurant Nestl in Bodenmais	125
32	Das Zwieseler Waldhaus bei Lindberg	128
33	Der Jägerwirt in Grafenau	131
34	Der Danibauer in Falkenbach	134
35	Die Alte Post in Herzogsreut	139
36	Wirtshaus zur Emerenz in Waldkirchen-Schiefweg	143
37	Gasthof Lamperstorfer in Waldkirchen	148
38	Gidibauer in Hauzenberg	151
39	Gasthof Edlfurtner in Thyrnau	155
40	Goldenes Schiff in Passau	160
41	Heilig-Geist-Stiftschenke in Passau	164
42	ScharfrichterHaus in Passau	168
43	Hotel Alte Schiffspost in Obernzell	172
44	Die Hoftaferne in Neuburg am Inn	176
45	Gasthaus zur Klostertaverne in Vornbach am Inn	180
46	Die Alte Taverne in Bad Füssing-Würding	183
47	Der Brau-Gasthof Herndl in Rotthalmünster	186
48	Der Zehentstadl in Aigen am Inn	189
49	Der Huberwirt in Münchham bei Ering	192
50	Der Gasthof Wasner in Bad Birnbach	195

Autorenteam	199
Beiträge, Abbildungen und Literatur	200

Peter Morsbach

„Eine der schönsten Erfindungen neuerer Zeit sey das Speisen nach der Karte"

Vom Krieg der Wirte und Gäste

Seit etwa 1780 breitete sich von Frankreich her in Europa ein bis dahin unbekannter Typ des Wirtshauses aus: das Restaurant, die Speisegaststätte, die eine Essensauswahl à la carte anbot, wo man also zwischen unterschiedlichen Speisen wählen konnte. Was für uns heute selbstverständlich ist, war damals etwas völlig Neues. Das Zitat in der Überschrift zu diesen kurzen Betrachtungen stammt aus Goethes Roman „Wilhelm Meisters Wanderjahre" (1. Buch, Kapitel 6), erschienen 1821, und zeigt, wie froh man war, nicht mehr das essen zu müssen, was die Küche zufällig im Angebot hatte – ob man nun wollte oder nicht.

Bis dahin war niemand zum Essen, sondern nur zum Trinken ins Wirtshaus gegangen, gegessen wurde ausschließlich daheim, bei Freunden oder Einladungen. Allenfalls bürgerliche Hochzeits- oder Totenmahle fanden in besonderen Gasthäusern statt. Deswegen waren die Wirtshäuser älterer Zeit in erster Linie Schenken, in denen es alkoholische Getränke gab, die „Leit" hießen, die Wirte entsprechend „Leitgeber": Wein, Met und Bier. Das Trinkgeld, das Handwerker zusätzlich zu ihrem Lohn erhielten, hieß wörtlich „Geld zum Vertrinken".

Die einzigen, die in Wirtshäusern tatsächlich Speisen verzehrten, waren die zu Fuß, zu Pferd, mit der Kutsche oder dem Fuhrwerk Reisenden, wobei kaum jemand zu seinem Vergnügen reiste. Es gibt zahllose Schilderungen von den vielen Schrecknissen und wenigen Freuden der meist erzwungenen Wirtshausaufenthalte. So ließ 1518 der Humanist Erasmus von Rotterdam († 1536) kein gutes Haar an den deutschen Wirtshäusern; ihm verdanken wir eine lebendige Schilderung der zu Beginn des 16. Jahrhunderts dort herrschenden Zustände:

„Den Ankommenden begrüßt kein Mensch, damit es ja nicht den Anschein habe, als ob sie auf Gäste aus wären. Denn das halten sie für schmutzig und gemein und unwürdig der deutschen Ernsthaftigkeit. Hat man lange genug gerufen, so streckt schließlich jemand den Kopf aus einem Fensterlein der Wärmstube heraus (denn in diesen Stuben leben sie bis zur Sommer-Sonnenwende) (…). Diesen Menschen nun muss man fragen, ob man hier nächtigen könne. Sagt er nicht nein, so bedeutet das: du findest Platz. (…) Ist für das Pferd gesorgt, so gehst du in die Wirtsstube, in den

Vergangene Pracht: Das aufgegebene Wirtshaus Oberneder in Pölzöd (Gem. Wegscheid, Lkr. Passau) mit seinem reichen Fassadendekor aus der ersten Hälfte des 19. Jahrhunderts könnte ein Schmuckstück für den Ort und die ganze Gemeinde sein

Stiefeln, mit dem Gepäck und allem Kot, gibt es doch nur einen für alle gemeinsamen Raum … In der Stube mit dem Ofen zieht man die Stiefel aus, legt die leichten Schuhe an, wechselt, wenn man Lust hat, das Hemd; die vom Regen feuchten Kleider hängt man beim Ofen auf; du selbst näherst dich diesem, wenn du dich trocknen willst. Auch Wasser steht bereit, so man Lust hat, die Hände zu waschen, doch ist es meist so unsauber, dass man nachher anderes Wasser verlangen muss, um jene erste Waschung wieder abzuwaschen … Trifft man nachmittags vier Uhr ein, so kommt man doch nicht vor neun Uhr zum Nachtessen, bisweilen dauert's auch bis zehn Uhr … Sie rüsten nichts, bevor sie sämtliche Gäste da sehen, damit alle auf einmal bedient werden können … So kommt es, daß häufig in derselben Stube achtzig bis neunzig Personen zusammenkommen: Fußgänger, Reiter, Kaufleute, Schiffer, Fuhrleute, Bauern, Kinder, Weiber, Gesunde und Kranke … Einer kämmt sich, ein anderer wischt den Schweiß ab, ein dritter säubert seine Marschschuhe oder seine Reiterstiefel, und wieder einer rülpst knoblauchduftend … Erblicken sie einen aus einem fremden Volke, der in seinem Äußeren sich einigermaßen hervortut, so richten sich auf ihn die Blicke aller, und sie sehen ihn an, als wär' eine neue Tierart aus Afrika eingetroffen. Selbst wenn sie sich zu Tisch gesetzt haben, schauen sie mit rückwärts gewandtem Blick ohne Unterlass nach ihm und vergessen ob dem Sehen das Essen … Unterdessen gilt es für unstatthaft, etwas für sich zu verlangen. Erst wenn es schon spät am Abend ist und nicht mehr viele Gäste erwartet werden, kommt ein alter Knecht zum Vorschein, mit einem grauen Bart, geschorenem Kopf, einem mürrischen Gesicht und in schmutziger Kleidung … Dieser lässt dann seine Augen herumgehen und zählt schweigend die in der Hitzstube Anwesenden. Je größer deren Zahl ist, desto kräftiger wird der Ofen geheizt, selbst wenn die Sonne durch ihre Wärme schon beschwerlich fällt. Bei diesen Gastwirten gilt es für einen Hauptbestandteil einer guten Verpflegung, wenn alle von Schweiß triefen. Wenn einer, der an die Hitze nicht gewöhnt ist, nur einen Spaltweit das Fenster öffnet, um nicht zu ersticken, so hört man sofort: Schließt das Fenster! Antwortet er hierauf: Ich halt's nicht aus, so entgegnet man ihm: Dann sucht Euch eine andere Herberge … Haben alle Platz genommen, so kommt noch einmal jener mürrische Göttermundschenk und zählt wiederum seine Gäste. Bald darauf erscheint er dann, um jedem einen hölzernen Teller vorzulegen und einen aus demselben Silber gefertigten Löffel und einen gläsernen Becher, nachher dann auch Brot. Zum Zeitvertreib klaubt jeder den Dreck daraus, während die Speisen gekocht werden. So sitzt man bisweilen eine Stunde lang … Endlich wird der Wein aufgesetzt, und was für einer! Die Sophisten sollten keinen anderen trinken, so dünn und sauer ist er. Verlangt dann ein Gast für sein Geld eine andere Weinsorte, so stellen sie sich taub, aber mit einer Miene, als wollten sie dich umbringen; bestehst du dann auf deinem Verlangen, so antworten sie: Hier sind schon viele Grafen und Markgrafen abgestiegen und noch keiner hat sich über meinen Wein beklagt; behagt er Euch nicht, so sucht Euch eine andere Herberge. Sie halten

nämlich nur die Adligen ihres Landes für Menschen, und deren Wappen stellen sie überall zur Schau. Jetzt haben sie denn endlich einen Bissen dem knurrenden Magen zuzuschieben: Es folgen bald mit großem Pomp die Platten. Die erste enthält meist mit Fleischbrühe weich gemachtes Brot oder, wenn es ein Fasttag ist, mit Brühe aus Gemüsen. Dann kommt eine andere Brühe, hierauf etwas aufgekochtes Fleisch oder aufgewärmtes Eingesalzenes. Sodann wieder ein Zugemüse, hierauf eine solidere Speise, bis sie dann dem recht gestillten Magen den Braten vorsetzen oder gesottene Fische, die keineswegs zu verachten sind; aber hierbei verfahren sie sparsam und nehmen die Platten gleich wieder weg … Es wird dann auch ein etwas edlerer Wein aufgetragen. Sie haben diejenigen gern, die tüchtig trinken, wobei der, der am meisten trinkt, keinen Pfennig mehr bezahlt als der, welcher am wenigsten trinkt."

Ein anderer berühmter Reisender indes, Michel de Montaigne (1533–92), machte auf seiner Reise durch die Schweiz und Süddeutschland nach Italien bemerkenswert differenzierte Beobachtungen zu Essen und Trinken, schwärmte von der guten Unterkunft und der „äußerst freigebigen Bewirtung", die er namentlich in Wirtshäusern Oberdeutschlands zwischen Kempten, Augsburg und Mittenwald kennenlernte, und der Gastmähler beschrieb, bei deren Schilderung einem noch heute bisweilen das Wasser im Munde zusammenläuft. Ähnlich sang Mark Twain auf seinem „Bummel durch Europa" 400 Jahre später das Loblied der deutschen Wirtshäuser.

Der französische Schriftsteller und Rechtsphilosoph Charles-Louis de Montesquieu hingegen mokierte sich auf seiner Deutschlandreise 1728–29 nicht nur über die Bayern als Deutschlands Dümmste im Allgemeinen, sondern auch über die Qualität des Wassers im Besonderen: „Wenn Sie in einer Herberge oder Poststation ein Glas Wasser zu trinken verlangen, bringt man Ihnen schlammiges Wasser zum Händewaschen. Wenn Sie zu verstehen geben, dass es Trinkwasser sein soll, kommt

Der Biergarten der Alten Post in Herzogsreut zwischen Stadl und Wirtshaus

plötzlich der Gastwirt oder Stationsvorsteher und sagt Ihnen, dass Ihnen das schlecht bekommen wird und dass es besser wäre, wenn Sie Wein oder Bier trinken würden. Da Sie darauf bestehen, bringt man Ihnen ein wenig, aber wirklich sehr wenig, um Ihrem Starrsinn zu genügen. Sobald Sie davon trinken, beginnt das ganze Dorf zu lachen."

Nicht recht viel wohlwollender, dafür umso süffisanter äußert sich Heinrich Heine auf seiner Reise in den Harz ein Jahrhundert später (1824), wo er – wie es üblich war – sein Bett mit einem anderen Übernachtungsgast teilen musste: „Ich fand das Haus voller Gäste und, wie es einem klugen Manne geziemt, dachte ich schon an die Nacht, an die Unbequemlichkeit eines Strohlagers; mit hinsterbender Stimme verlangte ich gleich Thee, und der Herr Brockenwirth war vernünftig genug, einzusehen, daß ich kranker Mensch für die Nacht ein ordentliches Bett haben müsse. Dieses verschaffte er mir in einem engen Zimmerchen, wo schon ein junger Kaufmann, ein langes Brechpulver in einem braunen Oberrock, sich etabliert hatte.

In der Wirthsstube fand ich lauter Leben und Bewegung. Studenten von verschiedenen Universitäten. Die Einen sind kurz vorher angekommen und restaurieren sich, Andere bereiten sich zum Abmarsch, schnüren ihre Ranzen, schreiben ihre Namen ins Gedächtnisbuch, erhalten Brockensträuße von den Hausmädchen; da wird in die Wangen gekniffen, gesungen, gesprungen, gejohlt, man fragt, man antwortet, gut Wetter, Fußweg, Prosit, Adieu. Einige der Abgehenden sind auch schon etwas angesoffen, und Diese haben von der schönen Aussicht einen doppelten Genuß, da ein Betrunkener Alles doppelt sieht." In Goslar hingegen fiel ihm der Wirt auf die Nerven: „Ich logierte in einem Gasthofe nahe dem Markte, wo mir das Mittagessen noch besser geschmeckt haben würde, hätte sich nur nicht der Herr Wirth mit seinem langen, überflüssigen Gesichte und seinen langweiligen Fragen zu mir hingesetzt; glücklicher Weise ward ich bald erlöst durch die Ankunft eines anderen Reisenden, der dieselben Fragen in derselben Ordnung aushalten mußte …"

Wenn wir uns nun Niederbayern und seinen Wirtshäusern nähern, so soll am Anfang ein Stoßseufzer der Volksdichterin Emerenz Meier (1872–1928) stehen, die als Gastwirtstochter aus Schiefweg bei Waldkirchen die literarische Auseinandersetzung – gleich der tragischen Lena Christ – von der anderen Seite der Theke sah:

Hätte Goethe Suppen schmalzen,
Klöße salzen,
Schiller Pfannen waschen müssen,
Heine näh'n, was er zerrissen,
Stuben scheuern, Wanzen morden –
Ach die Herren
Alle wären
Keine großen Dichter worden!

In seiner feinsinnigen Charakterisierung über „Land und Leute im Bayerischen Wald" von 1890 schilderte Karl von Reinhardstöttner (1847–1909) die herausragende Stellung der Wirte in der Dorfgemeinschaft und die Bedeutung des Wirtshauses als weltlicher Mittelpunkt des Ortes:

„Indessen ist er (der Waldler) nicht ohne alle Freuden; auch er weiss sich heitere Tage zu schaffen, und nach altgermanischer Sitte spielen sich diese natürlich im Wirtshause ab; hat man doch zu allen Zeiten bei Hoch und Nieder, bei kirchlichen und profanen Festen kein anderes Mittel gehabt, die feierliche Stimmung kund zu thun, als ein mehr oder weniger grossartiges Gelage. Der Wirt oder gar der ‚Bräu' (Brui) ist gewissermassen Standesperson. Ein tüchtiger Wirt geniesst ein besonderes Ansehen, man stellt an ihn hohe Anforderungen, man hört seinen Rat in der Gemeinde und ausserhalb der Sitzung, man blickt zu ihm ... mit Hochachtung empor. Der bayerische Wald weist eine große Zahl traulicher Wirtsstuben auf, in denen Reinlichkeit herrscht, und deren mit Geranien, Rosen und Epheu geschmückte Fenster den Wanderer, der vorüberzieht, mit einem gewissen Vertrauen einzutreten veranlassen.

Freilich fehlt auch das Gegenteil nicht; und darum kann man Fussgänger und Turisten ohne Verantwortung nicht überall hin empfehlen, ob auch Graf Sternbergs Klagen über Streulager und Erdäpfel längst nicht mehr gelten; denn es darf nicht geleugnet werden, dass in den letzten Jahren unendlich viel nach dieser Seite hin geschehen ist, hauptsächlich dadurch, dass jenes alte Geschlecht von Wirten, das von seiner hohen Aufgabe nicht die richtige Auffassung besaß, so ziemlich ausgestorben ist und die jüngeren einsehen, dass Aufmerksamkeit auf ihr Geschäft ihr eigener größter Vorteil ist."

Wirte machten, so Reinhardstöttner, nicht selten von ihrem Hausrecht Gebrauch, indem sie Unruhestifter einfach expedierten: „... er schafft Ruhe, indem er denjenigen, den er für den Anstifter hält, zum Schweigen verweist, und sollte der gemahnte nicht folgen, so holt er ihn aus der Mitte der Streiter heraus; ein Augenblick, und der Tisch ist um einen Gast ärmer."

Zu den Orten der Geselligkeit gehörten im späteren 19. Jahrhundert neben dem klassischen Tanzboden zunehmend die Tanzsäle, die im Zuge von Wirtshausneubauten entstanden, und die Kegelbahnen, die oft im Wirtsgarten angelegt wurden; historische Kegelbahnen sind bei uns nur sehr selten und dann ruinös erhalten.

Auch wenn Gasthäuser an Märkten oder Hauptstraßen nicht selten imposante Bauten waren, so war die Vielzahl ländlicher Gasthäuser eher bescheiden, und so muss man sich auch ihre Einrichtung bis in die erste Hälfte des 20. Jahrhunderts, besonders auf dem Lande, einfach vorstellen, nicht viel anders als eine Wohnstube mit niedrigen Holzdecken, Eckbank, Holztischen, Stühlen, einem Herrgottswinkel. In Märkten und Städten entstanden in der Zeit des Historismus viele repräsentative Neubauten mit einer aufwändigen Ausstattung von Wirtsstuben als „altdeutsche Stuben", mit Holzvertäfelungen sowie Wand- und Deckenmalereien, mit denen man versuchte, an die ‚gute alte Zeit' des Spätmittelalters anzuknüpfen.

Wie wenig hat das Wirtshaussterben davon übrig gelassen! Es war schwer, für dieses Buch überhaupt noch ausreichend Wirtshäuser zu finden, die unseren Kriterien – denkmalgeschützt, alte Ausstattung, traditionelle regionale Küche – Genüge taten. In ganz Niederbayern kamen keine fünfzig zusammen, entlang der Donau auch noch durch das Hochwasser 2013 empfindlich reduziert. Wie oft standen wir vor kleinen Wirtshäusern oder einst prachtvollen Gasthöfen und Brauereigaststätten, heute leer, verlassen, verfallend, mit schäbig gewordenen Fassaden, verblassten Schriften. So war, um unsere Aufgabe zu erfüllen, mancher Kompromiss notwendig, sowohl von der Bausubstanz als auch von der Küche her.

Der ehemalige Brauereigasthof am Unteren Markt in Kösslarn (Lkr. Passau), ein stadtbildprägender und mächtiger Bau, steht leer, hat aber noch große Teile seiner alten Ausstattung bewahrt. Leider kein Einzelfall

Wenn sich heute in Wirtshäusern auf dem Land während der Woche viel weniger tut als am Wochenende, so ist auch das nichts Neues. Schon Reinhardstöttner notierte 1890: „An gewöhnlichen Tagen regt sich in den Wirtshäusern wenig; da kann der Wirt ruhig in der ‚Hell', wie man die Ofenbank nennt, liegen. Nur der Honoratiorentisch füllt sich gegen Abend für einige Stunden; der Gutsherr, der Pfarrer, der Lehrer, das Forstpersonal, der Gendarm, der auf Patrouille ist, ein Grenzwächter, der auf ein Glas einkehrt, sind die einzigen Gäste. Und diese sprechen wenig, denn sie beschäftigt meist voll und ganz der Tarot, der nur in neuerer Zeit hier und dort dem ‚Schafkopfspiel' hat weichen müssen."

Im August 1867 unternahmen der 23-jährige Friedrich Nietzsche und sein Freund Erwin Rohde eine zweiwöchige Reise durch die Oberpfalz und Niederbayern, die sie über den Parkstein, Waldsassen, Cham, Chammünster, Ottenzell, Arnschwang, Hohenbogen, Forsthütte, Hohenwarth, Engelshütte nach Lam, Bodenmais, auf den Arber, den Rabenstein, nach Zwiesel, Egg, Deggendorf und Regensburg führte; ihre Schilderungen sind noch immer lesenswert. Bei unseren eigenen Streifzügen durch die historischen Wirtshäuser Niederbayerns fiel uns immer wieder die üppig-wuchernde Dekorationsfreude – meist von den Wirtinnen in Szene gesetzt – auf, und dies hat seine Tradition, wie uns Nietzsche und Rohde überliefern: „Glühend kamen wir endlich in Bodenmais an, einem hübschen Dorfe. Gegenüber der Kirche liegt das stattliche Gasthaus von Janka. Wir kehrten da ein ... und erholten uns in dem großen mit allen möglichen Schätzen des Hauses gezierten Zimmer von der großen Mühe. Dann ruhten wir die müden Füße noch drunten im Gastzimmer ein wenig aus, und redeten mit den Wirthsleuten. Es waren wohl keine ursprüngliche[n] Bayern, wie ja auch der Name anzeigte. Der Mann hager, grau, sehnig, von einer morosen Feierlichkeit, dann ein paar widerliche Töchter in halb städtischer Tracht."

Der Bayerische Wald hat – zumindest in der Wahrnehmung des Verfassers dieser Einführung und der Zufälligkeit seiner Privatbibliothek – im Hinblick auf unser Thema eine offensichtlich größere literarische Würdigung gefunden als das übrige Niederbayern südlich der Donau.

Zwar hat der aus Mallersdorf stammende Klosterbäckersohn, Benediktinernovize und spätere radikale Aufklärer Johann Pezzl (1756–1823) ein umfassendes Bild vom Leben und den Lebensumständen in Bayern gezeichnet, dabei aber den Wirtshäusern nur wenig Aufmerksamkeit gewidmet. In seiner „Reise durch den Baierischen Kreis" (1784) äußerte er sich zumindest zur Stadt Straubing, ihren schönen Mädchen, ihrem Reichtum, dem daraus resultierenden Hang zum Wohlleben und den zahlreichen Gasthäusern: „Alle Lebensmittel sind in sehr geringem Preise hier. Die Stadt steht mitten in dem beßten Kornmagazin: Das Vieh hat gute Weide: Die Donau giebt vortreffliche Karpfen ... Diese Umstände tragen vermuthlich das meiste bey, warum die Straubinger so aufgeräumt und so sehr zu Bonvivanterie geneigt sind. Auch ist das zehnte Haus in der ganzen Stadt allemal ein Wirtshaus, und selten trifft man eines leer an."

Und schließlich Ludwig Thoma mit seiner zwerchfellstrapazierenden Satire auf den wachsenden Tourismus und die Sommerfrischler in der Zeit vor dem Ersten Weltkrieg: „Altaich", seine „heitere Sommergeschichte", spielt in einem Dorfe irgendwo im Niederbayerischen an der Vils, für einen Oberbayern quasi am Ende der Welt:

„Nach dem ersten Mittagessen ging der Herr Oberleutnant (Anm.: Der Österreicher Herr von Wlazeck) in die Küche und erklärte, daß er noch nie einen besseren Nierenbraten gespeist habe.

‚Ich muß der ausgezeichneten Kochkünstlerin mein Kompliment mach'n ... aba ich bidde ... lassen sich nicht stören, Freilein ... Darf ich mir Ihren Namen für immer ins Härz schreiben? Josefa? Aber bidde ... das ist ja reizend! (...) alsdann ich mache wirklich mein Kompliment zu dem Nierenbradl ... und darf ich frag'n ... Freilein Josefa, ob Sie mit Ihren reizenden Patscherln auch a mal eine Möllspeise mach'n? Rahmstrudel?! Aber bidde, das ist ja das non plus ultra, das Ideal des Österreichers ...!'

Sephi sagte hinterher zur Abspülmagd: ‚Das is ein Gawalier! Der woaß wenigstens, was si g'hört. De andern fress'n 's Sach nei und wisch si 's Mäu ab und von koan dank schön hörst d' s' ganz Jahr nicht ...'

Jede Köchin setzt eine Gefühlswallung in gute Bissen und große Portionen um.

So erhielt auch Herr von Wlazeck am Abend eine Schweinshaxe vorgesetzt, von einer Größe, wie man sie in Österreich seit der Metternichzeit nicht mehr gesehen hat.

Dazu war sie mit Liebe gebraten, braun, resch und mit einer so herrlich duftenden Sauce begossen, daß die Aufmerksamkeit des Oberinspektor Dierl erregt wurde."

Friedrich Nietzsche verzehrte am 13. August 1867 in Zwiesel „Suppe, Kalbsnierenbraten mit Kartoffelsalat und zweimal Kompott zum Abendessen, dazu zwei Glas Bier". In Wirtshäusern kam also auf den Tisch, was die Jahreszeit, der eigene Stall und der Markt boten. Eine grundlegende Veränderung brachten in der Versorgung und in der Menge der Touristen die neuen Transportmittel des 19. Jahrhunderts, Dampfschiff und Eisenbahn, und schließlich das Auto und die Entwicklung der Kühltechnik.

Auch heute, das betonen alle Wirtinnen und Wirte, die wir für dieses Buch besuchten, werden in den Küchen bevorzugt lokale Erzeugnisse verarbeitet. Das nachzuprüfen, ist nun Ihre Aufgabe, liebe Leserin, lieber Leser, und sicher haben Sie bei der Entdeckungsreise durch die historischen Wirtshäuser in Niederbayern und ihre Küchen genauso viel Freude wie wir.

Der Gasthof zur Post in Riedenburg

In dem idyllisch an der Altmühl gelegenen Städtchen Riedenburg, der westlichsten Gemeinde Niederbayerns, glänzt der Stadtplatz der historischen Altstadt mit seinen prunkvollen und aufwändigen Häuserfassaden, die zumeist um 1900 in ihren prächtigen Formen gestaltet wurden. Ein Grund für diese Maßnahmen war sicherlich der zunehmende Fremdenverkehr, denn schon um die Wende vom 19. zum 20. Jahrhundert stieg Riedenburg zu einem touristischen Zentrum auf.

Eines dieser eindrucksvollen Anwesen ist der Gasthof zur Post. Als Posthalterei war er schon sehr viel früher wichtige Station und Einkehr für Reisende auf der Strecke zwischen Nürnberg und München, denn um 1680 wurde eine Poststation im Ortskern eingerichtet. Der Postbetrieb war von 1772 bis 1849 ausgesetzt, wurde danach jedoch wieder aufgenommen. Das eigentliche „Dienstgebäude" war das Anwesen Bauernbräu, heute Gasthof zur Post, am Marktplatz 3. Erster Posthalter war der Bierbrauer Simon Riemhofer, dem der Apotheker Josef Stauber folgte. Ab 1853 lag das Gebäude in den Händen der Familie Halbritter. Die Poststation selbst zog im Jahr 1930 in einen Neubau am neu errichteten Bahnhof, da sich mit der Fertigstellung der Bahnstrecke auch die Beförderungsbedingungen änderten.

Seit 1995 ist das ehrwürdige Gebäude der alten Posthalterei nun im Besitz der Familie Sollinger, die ihren Gästen nach

wie vor gepflegte Gastlichkeit mit Speis', Trank und Unterkunft bietet. Das äußere Erscheinungsbild des stattlichen, dreigeschossigen Giebelbaus geht im Wesentlichen auf die Phase der historisierenden Gestaltung des Ortskerns um 1900 zurück. Erst im Jahr 2013 ließ Familie Sollinger die schmucke Fassade von fachkundigen Händen restaurieren. Nun erstrahlt sie wieder weiß mit gelben Akzenten: Gesimse, Eckpilaster und Fensterbekrönungen bestimmen das Gesicht der Front, Stufenzinnen beschließen den Dreiecksgiebel mit dem bayerischen und städtischen Wappen. Die formgebenden Elemente und die reiche Stuckverzierung gestalteten italienische Stuckateure, die zur Zeit der Jahrhundertwende als fahrende Handwerker in der Region tätig waren.

Über die gesamte Breite der Giebelseite erstreckt sich eine leicht erhöhte Terrasse. Geruhsam lässt sich von hier

Fassadengestaltung von italienischen Stuckateuren

Das alte Rossstallgewölbe

oben das geschäftige Treiben in der Stadt beobachten. Von der Veranda aus betritt man auch die Gaststube der Post. Man sieht sogleich: Die Wirtsleute Sollinger halten etwas auf ihr Wirtshaus und sorgen stets hingebungsvoll dafür, dass ihre Gäste ein gepflegtes und angenehmes Ambiente vorfinden. Zu beiden Seiten des Eingangs erstreckt sich die Stube. Links sorgen Deckenbalken für einen rustikalen Eindruck, wie er einem Landgasthof gut zu Gesicht steht. Der rechte Raumteil wird von dunklen Holzmöbeln und einer Stuckleiste an der Decke edel geprägt.

Dahinter können sich geschlossene Gesellschaften in den modern gestalteten Nebenraum zurückziehen. Durch eine Schiebekonstruktion ist die Gaststube um das Nebenzimmer erweiterbar.

Im anschließenden Bereich liegt das Prunkstück des Gasthofs zur Post: das Gewölbe des einstigen Stalls. Der Weg dorthin führt durch die alte Tenne, die mit einer weiteren Schankanlage ausgestattet wurde, um den Service im hinteren Gebäudeteil reibungslos zu gestalten. Die imposanten Leuchter aus einer örtlichen Schmiedewerkstatt befanden sich bei der Übernahme 1995 im Gastraum, kommen jedoch erst hier, unter der hohen Decke mit den ursprünglichen Sichtbalken, in ihrer ganzen Pracht zur Geltung.

Der alte Rossstall mit dem böhmischen Gewölbe liegt Brigitte Sollinger besonders am Herzen und beherbergt hauptsächlich den Frühstücksraum der Hotelgäste, kann jedoch auch anders genutzt werden. An einigen Stellen ließ man die gemauerte Gewölbedecke bewusst unverputzt und verweist damit auf die Zeit der Kutscher und Posthalterei.

Es lohnt sich, dem alten Gasthof zur Post einen Besuch abzustatten! Sei es nach einer Radltour durchs Altmühltal, einer Wanderung auf den abwechslungsreichen Wanderwegen oder einem Badetag am St. Agatha See.

Bei Familie Sollinger findet sich für jeden Hunger und Geschmack eine passende Mahlzeit, ob es nun eine kleine Brotzeit, ein deftiges Steak oder eine vegetarische Speise sein soll. Und sogar das süffige Weizenbier der einst hier ansässigen Brauerei Riemhofer hat die Post noch immer im Angebot.

Hotel Gasthof Zur Post

Marktplatz 3
93339 Riedenburg

Telefon: 09442-905253

info@zurpostgasthof.de
www.zurpostgasthof.de

Öffnungszeiten:
täglich geöffnet:
10:00–22:00 Uhr
Ruhetag: Mittwoch

Brauereigasthof Schwan in Riedenburg

"Seine Königliche Hoheit, der allergnädigste Prinz Ludwig von Bayern", lautet der erste Eintrag im ledergebundenen, metallbeschlagenen Gästebuch, das Erhard Steiner in den Händen hält. Der Eintrag stammt aus dem Jahr 1906. „Jaja, der war damals hier und hat im Schwan übernachtet", erinnert sich Steiner an die Erzählungen seiner Schwiegereltern.

Anlässlich des 60. Jubiläums des Ludwig-Main-Donau-Kanals stattete der spätere Prinzregent und letzte König von Bayern dem beschaulichen Städtchen an der Altmühl einen Besuch ab. Für die allerhöchste Visite baute man an der schmucken Front des Gasthauses am Marktplatz eigens einen kunstvollen Balkon an, auf dem sich der königliche Besucher dem Volk zeigen konnte. Freilich ließ es sich der Thronfolger nicht nehmen, mit seinem ganzen Hofstaat im Schwan zu dinieren. Das königliche Menü: Königinsuppe (was sonst?), Hecht mit Butter und Maltakartoffeln, junges Lamm gebraten, Diplomaten-Pudding (jedem das Seine!), Käse und Butter.

Mittlerweile haben sich im Gästebüchlein des Schwans viele weitere national und international bekannte Gäste mit ihrer Unterschrift und einem herzlichen Spruch verewigt. Und auch der Balkon, auf dem vor über 100 Jahren Prinz Ludwig zu seinen lieben Riedenburgern sprach, ziert noch immer die Fassade des Brauereigasthofs Schwan am Marktplatz 5.

Das Anwesen existiert vermutlich schon seit dem 17. Jahrhundert und besteht aus zwei Häusern, die zu einem Komplex verbunden wurden. Anfangs befand sich das Gasthaus im linken Gebäudeteil. Nicht nur den Gasthof zur Post schräg gegenüber (siehe S. 13) besaß der Bierbrauer Simon Riemhofer im 19. Jahrhundert, sondern auch den Schwan. Anders als die Post jedoch

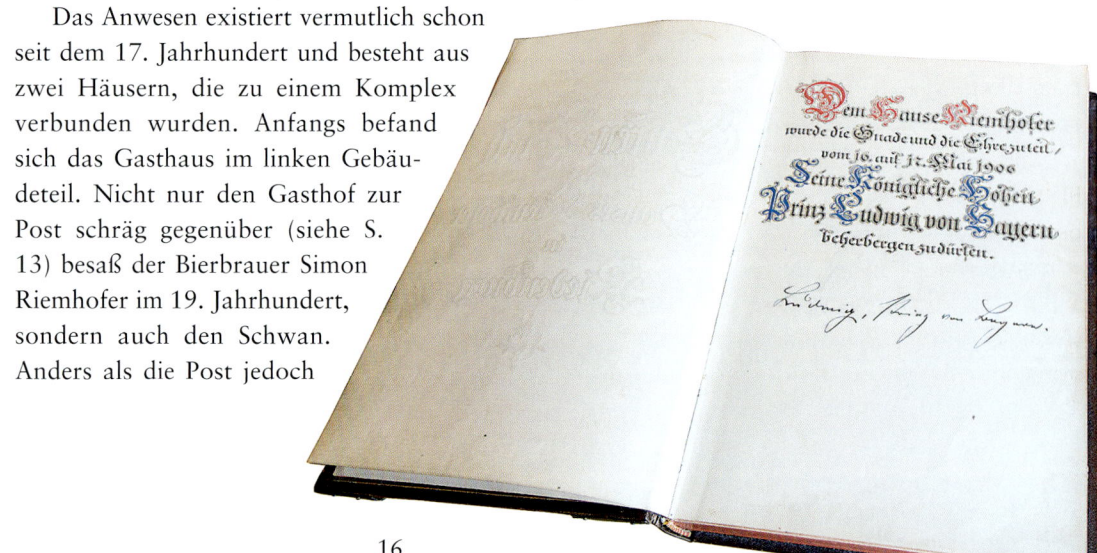

blieb der Schwan in Familienbesitz, sodass Erhard Steiner den Gasthof zusammen mit seiner Frau, einer geborenen Riemhofer, bis zum Jahr 2008 in fünfter Generation führte. Danach übernahm ein Pächter diese Aufgabe. Seit April 2014 leitet die Post-Wirtsfamilie Sollinger auch die Geschicke des Schwans.

Der dreigeschossige Brauereigasthof mit seinen beiden Treppengiebeln fügt sich in das Ensemble der historischen Altstadt Riedenburgs ein. Die Fassade des linken Gebäudeteils zeigt sich in Weiß, betont durch rosafarbene Akzente. Am rechten Teil dominiert Rosa, Zierelemente treten in Weiß hervor. Auch hier waren an der Wende zum 20. Jahrhundert – wie bei vielen anderen Gebäuden in der Stadt – italienische Stuckateure am Werk und verliehen dem Gasthaus sein neubarockes Antlitz mit Jugendstilelementen. Aufwändig gestaltete Fenstersimse und -bekrönungen sowie Verzierungen der Giebelstufen schmücken die Front mit dezenter Noblesse. Der Balkon mit dem schmiedeeisernen Geländer und den mit pokalförmigen Aufsätzen bekrönten Balustern ist freilich das Herzstück der Giebelseite.

Darunter betritt man den Gasthof durch ein zweiflügeliges Tor. Ein Gewölberaum rechts vom Flur war früher das Nebenzimmer. Neuerdings ist hier ein Kinderspielzimmer eingerichtet, das mit bunten Spielsachen, Büchern und Bobby-Car auf die kleinen Gäste wartet.

Gästebucheintrag seiner Königlichen Hoheit Prinz Ludwig von Bayern. Oben der Balkon, auf dem er sich dem Volk zeigte

Die Gaststube des Schwans. Man beachte die Holzfiguren auf den Lampenstangen

Links kann man durch die Segmentbogenfenster einen Blick in die Gaststube werfen. Diese öffnet sich weit nach hinten und ist durch Fußbodenbeläge und Deckengestaltung optisch in zwei Teile gegliedert. Vorne verleiht die Decke mit dezenten Hohlkehlen und dem in zarten Farben abgesetzten Stuckornament dem Raum ein edleres Gepräge, unterstrichen von einem zehnarmigen Metallleuchter. Verändert wurde an der Einrichtung bislang kaum etwas, sie geht auf die Renovierung in den 1950er Jahren zurück. Doch durch die gute Pflege ist sie der bayerischen Wirtsstube immer noch dienlicher Schmuck. Die Lampen sind einer näheren Betrachtung wert: Detailreich geschnitzte Holzfiguren tummeln sich auf den Lampenstangen, von der Musikantentruppe über den Schmied bis hin zur Wirtin. Sie stammen ebenfalls aus den 1950er Jahren und sind die Handarbeit eines Südtiroler Schnitzers.

Ein bodenständiges bayerisches Wirtshaus ist der Schwan also geblieben, obwohl er doch zu Beginn des letzten Jahrhunderts so hohen Besuch empfangen durfte. Genau das schätzen die Gäste am Schwan: Gastlichkeit, gemütliche Stimmung und deftige Mahlzeiten. Schmankerln wie Milzwurst bekommt man hier oder den Bauernschmaus, der Schweinsbraten, Bratwürstl, Kraut und Reiberdatschi auf einem Teller vereint.

Und Angebote zur hinterher oder vorher notwendigen sportlichen Betätigung und Freizeitgestaltung gibt es in Riedenburg wahrlich genug. Warum also nicht eine geschichtsträchtige Wanderung über den Drei-Burgen-Steig auf den Spuren der Herren von Riedenburg? Die darauf folgende Einkehr in den historischen Braugasthof Schwan ist mit Sicherheit ein krönender Abschluss!

Gasthaus & Hotel Schwan

Marktplatz 5
93339 Riedenburg

Telefon: 09442-1272

www.schwan-riedenburg.de/

Öffnungszeiten:
täglich geöffnet:
10:00–22:00 Uhr
Ruhetage: Montag–Dienstag

Klosterschenke Weltenburg in Kelheim

Am grandiosen Naturschauspiel des Donaudurchbruchs, der sogenannten Weltenburger Enge, steht das älteste Kloster Bayerns, die Benediktinerabtei Weltenburg. Gegründet um das Jahr 600 von den irischen Wandermönchen Eustasius und Agilus von Luxeuil, übernahm es im 8. Jahrhundert die Ordensregel des hl. Benedikt. Seit 1050 gibt es eine eigene Klosterbrauerei, deren Gebäude heute von der Regensburger Bischofshof-Brauerei gepachtet sind, die – ihrerseits im 17. Jahrhundert gegründet – im Vergleich ein „Neuling" ist.

Das weltberühmte Prunkstück der Klosteranlage ist die spätbarocke, unter Abt Maurus Bächl erbaute und 1716–39 von den Künstlerbrüdern Cosmas Damian und Egid Quirin Asam mitgeplante und ausgestattete Abteikirche St. Georg. Ihre gegenseitig voneinander angefertigten Bildnisse können heute noch hoch oben in der Kirche entdeckt werden.

Wie nahezu alle bayerischen Klöster fiel auch Weltenburg der Säkularisation zum Opfer: Am 21. März 1803 wurde es aufgelöst, die Gebäude wurden an Privatleute verkauft. So führte ein Herr Wimmer ab 1875 als erster Pächter die Klosterschenke, in der schon immer Reisende, Handwerker

und Schiffer versorgt wurden. König Ludwig I. von Bayern ließ am 1. Juni 1842 das alte Kloster zunächst als Priorat der Abtei Metten neu errichten, bevor es 1913 selbst wieder Abtei wurde.

Die Schenke blieb allerdings in der Hand privater Pächter; 1934 übernahm sie die Familie Röhrl, die 2014 ihr 80-jähriges Betriebsjubiläum feiern konnte. Anton Röhrl, der die Führung mit seiner Frau Gabi 1988 in dritter Generation übernommen hat, kennt seine Familiengeschichte genau. Schon im 19. Jahrhundert betrieb sein Vorfahr Ignatz, nachdem er sich in Donaustauf bei Regensburg niedergelassen hatte, ein Wirtshaus mitsamt Brauerei. Auch dessen Sohn, Johann Röhrl, besaß später mehrere Gaststätten in Regensburg, wie beispielsweise die Goldene Kanne und den Heimgarten.

Nachdem die Wirtin der Weltenburg Schenke, Frau Hirsch, 1934 verstorben war, wollte der Witwer den Betrieb nicht mehr alleine weiterführen. In einer Nacht-und-Nebel-Aktion wurde, aus Angst vor der Übernahme durch die Nazis, der neue Pachtvertrag zwischen Johann Röhrl und dem Abt des Klosters Weltenburg unterzeichnet. Der Großvater des heutigen Besitzers besaß die Schenke bis zu seinem Tod 1958, ihm folgte sein Sohn. So ist es nicht verwunderlich, dass Anton Röhrl sich in diese Tradition einreihte und den Gaststättenbetrieb übernahm, was der Familie im Blut zu liegen scheint.

Der „Gartensaal" beeindruckt durch sein massives Tonnengewölbe

Ein großer Trumpf der Schenke ist der große, unter Kastanien und Linden gelegene Biergarten, in dem bis zu 1000 Menschen Platz finden. Gerade im Sommer werden diese Kapazitäten benötigt. Um die vielen Gäste versorgen zu können und ihnen einen angenehmen Aufenthalt zu ermöglichen, waren Umbauten nötig. Die größte Umbauphase 1971, noch zu Zeiten des Vaters, brachte Erweiterungen wie die Vergrößerung der Küche, des „Asamstüberls", der Konditorei und der Warenausgabe mit sich, um eine moderne Restaurantführung zu ermöglichen. Es musste sich an den Gegebenheiten aus Großvaters Zeiten einiges ändern! So erzählt Anton Röhrl, dass die Schankanlage damals aus einem einzigen, im Gang stehenden Bierfass bestand, über dem die Schwalben, die jedes Mal rechtzeitig zum Feierabend in der Stube eintrafen, auf einem Telefonkabel saßen.

Die Schenke kann insgesamt 400 Personen in fünf Räumen aufnehmen. So bietet die kleine, behagliche „Prälatenstube" mit ihrem Kreuzgewölbe und der dunklen Holzvertäfelung 30 Personen Platz. Das etwas größere „Asamstüberl" mit dem Kachelofen, einer Hochwassermarke und dem wandgroßen Gemälde zu Ehren des Malers Cosmas Damian Asam betont die Verbundenheit mit den bedeutenden Brüdern. Der größte Saal ist der 200 Personen fassende „Gartensaal". Trotz sei-

„Asamstüberl" mit dem wandgroßen Gemälde zu Ehren des Malers Cosmas Damian Asam

Leben im Benediktinerkloster

Benedikt von Nursia gründete 529 auf dem Monte Cassino bei Neapel ein Kloster und verfasste dort die bis heute gültigen Klosterregeln, die „Regula Benedicti". Wichtigster Grundsatz ist die Suche nach Gott, und danach richtet sich auch der Tagesablauf der Mönche. Er wird bestimmt vom persönlichen, aber vor allem vom gemeinsamen Gebet, und daher darf dem Gottesdienst nichts übergeordnet werden. Ganz nach dem Leitsatz „ora et labora et lege" („Bete und arbeite und lies") leben die Mönche. Zwischen den Gebeten wird gearbeitet – entweder in stiller Meditation, mit geistlicher Literatur oder in der Landwirtschaft, welche sowohl das Einkommen sichert als auch für die nötige Abwechslung sorgt. In den benediktinischen Regeln werden pro Tag acht Gebetszeiten vorgeschrieben und innerhalb einer Woche sollen 150 Psalmen gebetet werden. Heute wird dies ein wenig lockerer gehandhabt: Die 150 Psalmen können auch in zwei Wochen gebetet werden. Auf Grund der seelsorgerischen Tätigkeit der Mönche in Schulen oder Pfarreien werden einige Gebetszeiten zu Tages- bzw. Mittagshoren zusammengefasst.

ner Größe strahlt er Gemütlichkeit aus, was dem durch die Säulen gestützten Tonnengewölbe, den durch filigrane Malereien verzierten Fensterbögen und den floralen Zeichnungen an den Wänden geschuldet ist.

Es ist ein besonderer Ort, dieses Weltenburg, an dem die künstlerische Wucht, die geistliche und geistige Kraft der Klosterkirche und die Spiritualität des Klosters mit der Schönheit der Flusslandschaft und der Naturgewalt der Donau zusammentreffen. Das Kloster, seine Kirche und somit auch die Klosterschenke hatten in der Vergangenheit mit den häufigen Hochwassern zu kämpfen, die sich jetzt aber dank eines neuen Hochwasserschutzes von bis zu 8,50 m Höhe nicht mehr so verheerend auswirken.

Der Bierbrauer Herttel am Sudkessel. Darstellung im Hausbuch der Mendelschen Zwölfbrüderstiftung, 1403

Nicht nur die Kirche an sich lohnt einen Ausflug in diese uralte Kulturlandschaft. Oberhalb des Klosters bauten schon die Römer und später soll der hl. Wolfgang hier eine Burg errichtet haben – dort steht heute noch eine Kirche aus dem frühen Mittelalter. Das Gebiet um das Kloster ist sowohl von einigen landschaftlich wunderschönen Wanderwegen durchzogen als auch direkt am Donauradweg und am „Deutschen Limes-Radweg" gelegen. Fähren sorgen dafür, dass Wanderer und Radfahrer auf die andere Flussseite gelangen. Besonders beeindruckend ist natürlich eine Fahrt mit dem Passagierschiff von Kelheim und wieder zurück durch den Donaudurchbruch mit den gewaltig aufragenden Kalkstein-Formationen seiner Felswände. In der Nähe von Kelheim befinden sich die kleine ehemalige Einsiedelei „Klösterl" und die Befreiungshalle auf dem Michelsberg, das gewaltige Nationaldenkmal König Ludwigs I. von Bayern, das allemal einen Besuch lohnt.

Wofür man sich auch entscheidet: Kloster Weltenburg lädt in den gemütlichen Biergarten ein, in dem man mit gut bayerischer Kost versorgt wird. Es wird, wie in jedem anderen guten Betrieb, viel Wert auf Produkte aus der Umgebung gelegt. Die Fleischprodukte stammen alle aus dem näheren

Der lebendige Biergarten inmitten der barocken Klosteranlage von Weltenburg

Umkreis, wie das Altmühltaler Distellamm; die Lage an der Donau bereichert natürlich auch die Speisekarte wie zum Beispiel mit Fischpflanzerl vom frischen Donaufisch. Auch die Mönche sind an der kulinarischen Vielfalt beteiligt, denn die Äpfel für den in der hauseigenen Konditorei hergestellten Apfelkuchen stammen zum Teil von den Apfelbäumen im Klostergarten. Marmelade und Honig stellen die Benediktiner ebenfalls selbst her.

Das Wirtsehepaar Röhrl legt großen Wert darauf, dass sich Gäste jedes Alters wohl fühlen. Ein spezieller Shuttlebus vom und zum Parkplatz erspart Menschen, die es nicht mehr schaffen, den Fußweg hin und zurück.

Die Gegend um die Weltenburger Enge mit ihren vielfältigen Möglichkeiten der Freizeitgestaltung bietet eine ideale Gelegenheit für einen Familienausflug, der durch eine erholsame Pause in der Weltenburger Klosterschenke vollkommen abgerundet wird.

„Asamstüberl" mit einer Hochwassermarke von 1999

Klosterschenke Weltenburg

Asamstr. 32
93309 Kelheim

Telefon: 09441-6757-0

info@klosterschenke-weltenburg.de
www.klosterschenke-weltenburg.de

Öffnungszeiten:
Montag–Sonntag
08:00–19:00 Uhr

Brauereigasthof Zum Kuchlbauer in Abensberg

Der Ort Habensperch wurde 1138 erstmals schriftlich erwähnt, von 1256 stammt der urkundliche Beleg des castrum Abensperch. Gebhard I. aus dem Hause der Herren von Ratzenhofen ließ die Burg oberhalb der Siedlung errichten und benannte sich selbst als erster nach dem Ort. Knapp drei Generationen später, 1348, wurden Abensberg von Herzog Ludwig, Markgraf von Brandenburg, und seinem Bruder Herzog Stephan von Bayern die Stadtrechte bestätigt. Damit war es den Abensbergern erlaubt, die niedere Gerichtsbarkeit auszuüben, ihre Stadt mit einer Mauer zu schützen und Märkte abzuhalten. Die Herren von Abensberg lenkten die Geschicke der Stadt bis 1485. Der letzte Abensberger, Ritter Niclas, kam in diesem Jahr im Verlauf des Landesteilungsstreits zwischen den Brüdern Albrecht IV. von Bayern-München und Herzog Christoph dem Starken ums Leben. Er geriet in die Gefangenschaft Christophs und wurde von einem Knappen erstochen. Da keines der Kinder aus seiner Ehe überlebt hatte, war das Geschlecht der Abensberger somit „mit dem Mannesstamm erloschen", also in der männlichen Linie ausgestorben, und so wurde die bis dato selbstständige Herrschaft ein Teil Bayerns. Die Burg Abensberg fiel dem Dreißigjährigen Krieg zum Opfer.

Weithin bekannt ist die Stadt Abensberg für ihren Spargel und ihre großflächigen Hopfenan-

Neue Ausstattung nach altem Vorbild

baugebiete. Der sandige Boden in der Region bietet optimale Bedingungen. Mit Hopfen und Spargel kam der wirtschaftliche Wohlstand nach Abensberg. Das zeigt schon der großzügige Stadtplatz. Die Gebäude haben prunkvolle, gut erhaltene und sorgfältig restaurierte Fassaden. Eines davon ist der langgestreckte Bau des Brauereigasthofs zum Kuchlbauer. Die helle Fassade mit den geschweiften und gestuften Zwerchgiebeln im Stil der Neurenaissance besteht in dieser Form seit der Zeit nach 1904. In diesem Jahr wurde der Gasthof bei einem großen Brand stark beschädigt und daraufhin nach den Vorgaben des Denkmalschutzes sorgsam wieder aufgebaut.

Doch der Reihe nach! Bereits um 1300 erhielt das Stammhaus der Brauerei von den Abensberger Grafen die Braugerechtsame und gehört damit zu den ältesten Brauereien der Welt. 1499 wurde die Braustätte eines Matth(e)us Burger erwähnt, die genau an der Stelle des heutigen Gasthofs zum Kuchlbauer lag. Im April des Jahres 1616 wurde das Haus von Hans Stanglmayr erworben, wobei damals schon die Gaststätte Erwähnung fand. Nach mehreren Verkäufen und Erbschaftsfolgen gelangte das Anwesen 1751 in den Besitz von Josef Amann, „Kuchlbauer beim Hochstift Regensburg", woraus der heutige Firmenname entstand. Das immer wieder vererbte und weiterverkaufte Gebäude wurde nach einem verheerenden Brand im Jahr 1904 schließlich von der Familie Salleck erworben und befindet sich seither in ihrem Besitz.

Die Besucher beeindruckt die breite, hellgelbe Fassade des Anwesens, die von dunkelgrünen Akzenten betont wird. Die Front des nördlichen Gebäudeteils wird vom Gnadenbild der Maria Immaculata (dt. Maria von der unbefleckten Empfängnis) geschmückt, hier untypischerweise mit Kind

Fassade mit den geschweiften und gestuften Zwerchgiebeln im Stil der Neurenaissance und dem Gnadenbild der Maria Immaculata

dargestellt. Kommt man zur Spargelzeit hierher, so trifft man vor der Eingangstür auch sogleich auf ein besonderes Stück: die über zwei Meter hohe Spargelstange aus Marmor, mit der der weithin bekannte Abensberger Spargel stolz repräsentiert wird.

Das Erscheinungsbild des Innenraumes geht auf einen Umbau im Jahr 1998 zurück. Dabei wurde besonderer Wert auf Nähe zum Original und eine authentische Ausstattung gelegt. Der Gastraum ist mittels dreier Granitsäulen auf einer halbhohen Mauer optisch in zwei Teile gegliedert. Auch an der Decke wird diese Zweiteilung deutlich. Der vordere Teil erhält durch die Holzkassettendecke ein etwas edleres Gepräge, im hinteren Teil sorgen die dunklen Holzplanken für ein rustikaleres Ambiente. Die hochwertige zweifarbige und halbhohe Täfelung der Wände mit den schmalen Kassetten, die sich durch beide Raumteile zieht, verbindet diese wieder stimmig zu einer Einheit. Auch beim Mobiliar ist Wert auf qualitätvolles Massivholz gelegt. So fügen sich die schnörkellosen dunklen Stühle und die zweifarbigen Tische treffend in das Raumbild ein und schaffen zusammen mit dem blanken Parkett eine behagliche Atmosphäre. Stücke zum Betrachten und Bestaunen gibt es auch: Schönes und Nützliches aus vorelektrischer Zeit, wie eine alte Registrierkasse, alte Bügel-

Schäfflertanz

Schäffler ist eine der regionalen Bezeichnungen für Fassbinder bzw. Küfer. Sie verfügen über einen eigenen Zunfttanz. Der Überlieferung nach entstand der bekannte Schäfflertanz 1517 in München, als dort die Pest schrecklich wütete. Um die Menschen vom Leid abzulenken und sie zu motivieren, wieder auf die Straße zu gehen, traute sich ein namentlich unbekannter Schäffler hinaus und fing an zu tanzen. Ihm folgten daraufhin weitere Zunftmitglieder und schließlich die restliche Bevölkerung. Daraus entstand eine Tradition: Seit 1760 wird das Schauspiel alle sieben Jahre aufgeführt. Warum genau alle sieben Jahre – darüber kann man heute nur noch Vermutungen anstellen. Ursprünglich durften übrigens nur junge, unverheiratete Schäffler an dem Tanz teilnehmen, aber dies änderte sich in den 1960er Jahren. Seitdem sind auch verheiratete Schäffler und andere Berufsgruppen zugelassen, da der Brauch auszusterben drohte. Das typische Schäfflerkostüm besteht aus einer grünen Kappe mit weißem Federbusch, einer roten Jacke, weißen Kniestrümpfen, schwarzen Schuhen und einer schwarzen Kniebundhose.

eisen oder die alten Werbeschilder der Brauerei, die die Tradition des Brauereigasthofs lebendig widerspiegeln. Ein Schaukasten mit kunstvollen Figuren erinnert an die Schäfflertradition. Die ausladende und aufwändig verzierte Theke lädt dazu ein, sich auf einem der Barhocker niederzulassen und bei einem kühlen Kuchlbauer Weißbier die Atmosphäre des Hauses auf sich wirken zu lassen oder das geschäftige Treiben des herzlichen Personals zu verfolgen.

Und geschäftig geht es fast jeden Tag zu im Kuchlbauer: Sehenswürdigkeiten und Veranstaltungen wie der Hundertwasser-Turm auf dem Brauereigelände, der Gillamoos-Jahrmarkt und der romantische Weihnachtsmarkt locken zu jeder Jahreszeit viele Touristen in die Stadt an der Abens.

Dabei darf freilich ein Besuch im Traditionswirtshaus Kuchlbauer nicht fehlen. Auch für größere Veranstaltungen ist das Gasthaus bestens ausgestattet: Der prunkvolle Saal mit eindrucksvoll gewölbter Decke und kunstvollen Wandmalereien hinter der Gaststube kann bis zu 140 Gäste aufnehmen und durch die flexible Wand zur Gaststube hin geöffnet werden.

Kleinere Gruppen können sich auch in das Nebenzimmer zurückziehen, das Napoleonzimmer. Roter Holzboden, rötliche Wandbordüren, Friesverzierungen und Stuckelemente an Wänden und Decke bestimmen diesen Raum. Die Bilder an den Wänden verweisen allesamt auf Kaiser Napoleon I. und erinnern an die Schlacht von Abensberg im April 1809. Damals gelang es Bonaparte mit seiner Armee und den verbündeten bayerischen Soldaten, die feindlichen österreichischen Truppen in mehreren Gefechten zwischen Abens und Großer Laaber in Richtung Wien zurückzudrängen.

Wer mehr über die Geschichte der Stadt erfahren und hautnah erleben will, kann dies wunderbar mit einem Besuch im Kuchlbauer verbinden. Einige der unterirdischen Stadtführungen beginnen hier im Innenhof des Anwesens. Wegen der hohen Brauereidichte in früheren Zeiten ist die Stadt nahezu vollständig von den unterirdischen Gängen der früheren Bierkeller durchzogen und kann heute gewissermaßen unter Tage erforscht werden.

So ist der Brauereigasthof damals wie heute ein wichtiger Anlaufpunkt in der blühenden Stadt Abensberg und bei Pächter Anton Dietrich, der den Kuchlbauer nun seit 2008 führt, auf jeden Fall auch in guten und erfahrenen Händen.

Brauereigasthof Zum Kuchlbauer

Stadtplatz 2
93326 Abensberg

Telefon: 09443-1484

info@gasthof-kuchlbauer.de
www.gasthof-kuchlbauer.de

Öffnungszeiten:
Montag–Freitag
10:00–14:00 Uhr
17:00–00:00 Uhr
Samstag–Sonntag
10:00–00:00 Uhr
Ruhetag: Dienstag

Gasthof Plank in Lindkirchen

Seit dem 12. Jahrhundert lässt sich der Name Lindkirchen belegen. Vermutlich ist der Ort aber viel älter, da die Endung -kirchen für das 8./9. Jahrhundert typisch war; er dürfte sich also von einer an einer Linde stehenden Kirche ableiten. Die Linden waren hier nicht nur prägend für die Ortsbezeichnung, sondern sie hatten zugleich eine wichtige gesellschaftliche Funktion: Wie in vielen anderen Orten wurden bis ins späte Mittelalter hinein diese Bäume als Gerichtsort unter freiem Himmel benutzt. Auch heute noch gibt es eine Linde in dem zur Stadt Mainburg gehörendem Ortsteil. Sie soll 1695 gepflanzt worden sein und steht vor dem Gasthof Plank, der angeblich genauso alt ist wie der Baum.

Der alte Vierseithof mit dem Gasthof musste sich nach und nach vielen Veränderungen unterwerfen: Es gab hier schon immer eine Gastwirtschaft, dazu im Laufe der Geschichte eine Post-Pferdewechselstation; außerdem gehörten eine Mühle, ein Sägewerk und eine Landwirtschaft mit

Hopfenanbau zum Anwesen. Nur noch die Landwirtschaft (ohne Hopfenanbau) ist übrig, wurde aber mittlerweile vorübergehend verpachtet. Besitzerin Ingrid Plank kann sich gut an Zeiten erinnern, in denen die Wirtschaft noch ein florierendes Dorfwirtshaus war und viele Gäste aus nah und fern kamen, als die resolute Schwiegermutter, Wirtin mit Leib und Seele, das Regiment führte. Aus Altersgründen kann Ingrid den Betrieb alleine nicht mehr aufrechterhalten, doch aus Liebe zum Haus und aus Freundschaft zu den Stammgästen öffnet sie noch jeden Sonntagmorgen zum Frühshoppen ihre Türen, außerdem in den Wintermonaten für den Schützenverein. Aufgekocht wird derzeit aber leider nicht mehr.

Den Gast erwartet eine wunderschöne und liebevoll gepflegte, kleine Stube. Gegenüber dem Eingang gibt es in einem Erker eine gemütliche Sitznische. Der Raum erscheint durch seine vielen Fenster hell und freundlich. Die Wände sind halb mit dunklen Kassetten verkleidet und der alte Bretterboden zeigt Spuren vieler vergangener Tage. Abgerundet wird dies durch massives Mobiliar und den grünen Kachelofen. Vereinsfotos, Pokale und Schützentafeln zeugen von den Vereinen, die immer noch regelmäßig einfallen. Auch einen Nebenraum gibt es, der mit der Hauptstube verbunden werden kann. Sein Boden, die Wände und die Decke sind vollständig mit Holz verkleidet. Und auch wenn nicht mehr gekocht wird und nur noch selten geöffnet ist, so lohnt sich ein Besuch dennoch. Ingrid Plank freut sich auf jeden Fall!

Zugang zum Vierseithof des Gasthofes Plank

Eine weitere Besonderheit gibt es auf dem Hof: das Hofcafé. Seit 2011 ist es geöffnet und verdankt seine Entstehung eher einem Zufall. Eines Tages stand die gelernte Hotelfachfrau Gerlinde Gandorfer vor Ingrids Tür und machte den Vorschlag, einen Sommer lang ein kleines Hofcafé im ehemaligen Schweine- und Kuhstall einzurichten, der bislang nur für Familienfeiern genutzt wurde. Gedacht war diese Aktion als Meisterprüfung. Doch dann gefiel den Gästen das gemütliche Café so gut und Gerlinde machte es so viel Spaß, dass es bestehen blieb. Die Kombination aus traditioneller Gastwirtschaft und solidem Natur-Café funktioniert.

Man sitzt hier zwischen Säulen unter einem alten böhmischen Gewölbe. Eingerichtet ist der Raum nur mit Naturmaterialien. Die kurzen Sitzbänke standen früher in dem zum Gasthaus Plank gehörenden Saal und wurden von Ingrid Plank gerne zur Verfügung gestellt. Angeboten werden selbstgebackene Kuchen, Torten und Brote sowie kleine Brotzeiten. Alle Zutaten stammen von den

Rechts der Innenraum des auf dem Gelände liegenden Hofcafés

umliegenden Bauern, und ihre Herkunft kann auf der Speisekarte nachvollzogen werden. Im Freien ist unter dem ausladenden Vorsprung des Scheunendachs für Sitzmöglichkeiten gesorgt.

Auch hier müssen die Öffnungszeiten beachtet werden, denn geöffnet ist nur an Sonn- und Feiertagen oder nach Vereinbarung auch samstags.

Gasthof Plank

Lindkirchener Str. 27
84048 Mainburg-
Lindkirchen

Telefon: 08751/2873

Öffnungszeiten:
Sonntagmorgen
zum Frühschoppen

Hofcafé Lindkirchen

Lindkirchenerstraße 27
84048 Mainburg-
Lindkirchen

Telefon: 08753-673

www.hofcafe-lindkirchen.de

Öffnungszeiten:
Samstag: nach Vereinbarung
für Ihre Veranstaltung
Sonn- und Feiertags
13:30–ca. 20:00 Uhr

Hotel-Gasthof Seidlbräu in Mainburg

In Mainburg an der Abens, mitten im Hopfenland Hallertau, steht in der Liebfrauenstraße 3 das Anwesen der Familie Köglmeier. Es besteht aus drei Gebäuden, von denen das älteste, ein zweigeschossiger Steildachbau mit segmentbogenförmigen Fenstern, zum größten Teil in das 18. Jahrhundert datiert werden kann. Nach Norden hin schließen zwei dreigeschossige Steildachbauten aus der zweiten Hälfte des 19. Jahrhunderts an, die an der Giebelseite zwei mittlere Kastenerker zeigen.

Seitdem die „Münsterer Braustätte – Hs. Nr. 7" 1793 von Josef Seidl, Mühlenbesitzer aus Schierling (heute Lkr. Regensburg), erworben wurde, kann sie auf eine lange Familientradition zurückblicken. Mittlerweile in der 13. Generation wird der Hotel-Gasthof heute von Karl Köglmeier geführt

– der Name der Inhaberfamilie änderte sich im Laufe der Jahrhunderte durch Heirat von Seidl über Neumayr zu Köglmeier. Dieses Erbe ruft unterschiedliche Gefühle in den Wirtsleuten hervor: „Es ist eine Last und kraftspendend zugleich", beschreibt Waltraud Köglmeier ihre Situation, „man weiß, wo man steht und wurzelt".

Bier wird im Seidlbräu seit 1970 keines mehr gebraut. Dieser Bereich fiel dem damaligen Sterben der kleinen Brauereien zum Opfer, und daher entschieden sich die Großeltern von Karl Köglmeier, den Be-

trieb ohne die unwirtschaftliche Brauerei weiterzuführen. So blieb von den einst sechs Mainburger Brauereien nur der Ziegler-Bräu erhalten. 1988 beschlossen Gerhard und Traudl Köglmeier, das alte Brauereigebäude neu zu gestalten, und so wurden die vorher über der Gaststube gelegenen Fremdenzimmer im renovierten Gebäudeteil der ehemaligen Brauerei untergebracht. Im dortigen Erdgeschoss liegen auch das Nebenzimmer und der Frühstücksraum für die Übernachtungsgäste.

Die Gaststube im älteren Teil hingegen ist seit 1936 unverändert, nur der Dielenfußboden musste nach einem Hochwasser 1954 erneuert werden. Eine umlaufende Sitzbank mit halbhoher Wandvertäfelung und Tische, Stühle und Doppelbänke aus verschiedenen dunklen Obstbaumhölzern bestimmen den klaren Charakter des Gastraums.

Ergänzt wird dieser Eindruck durch den Herrgottswinkel mit dem filigran gearbeiteten Kreuz und hauptsächlich den Zierkacheln, von denen jede eine eigene Geschichte erzählt. Sie wurden von einem Münchner Malerbetrieb in der ersten Hälfte des 20. Jahrhunderts im Tausch gegen Butter und Brot aus der damals zugehörigen Landwirtschaft gefertigt und verewigen den Großvater von Waltraud Köglmeier samt Lieblingshund und sogar das Brauereiross Frieda. Auch durch die alten Fotografien der Eltern und Großeltern von Waltraud Köglmeier wird die lange Familientradition der Wirtschaft repräsentiert. Mit dem schmalen Kachelofen, der bis 1936 mitten im Raum stand, und einer Eckbankgruppe ist hier ein besonderer Platz geschaffen, in dem die große Wertschätzung der Familie für ihre lange Tradition und der bescheidene Stolz der Wirtsleute spürbar ist. Wenn früher in den Wirtshäusern unter der Woche nicht viel los war, waren Kachelöfen mit der sogenannten Höll oftmals der Lieblingsruheplatz von Wirten – hier vielleicht auch?

Besonders lieb und teuer sind der Familie auch die schmiedeeisernen Deckenlampen, Mainburger Handarbeiten. Die zierlichen, detailreich gearbeiteten dreiarmigen Leuchter schmücken die durch dezente Stuckleisten betonte Decke; die Glasschirme in Gelb- und Orangetönen spenden warmes Licht.

Geschätzt wird die familiäre Atmosphäre im Seidlbräu nicht nur von den Mittagsgästen, die bei ehrlicher, bodenständiger Kost Energie tanken, sondern auch von Geschäftsreisenden oder Radfahrern, die auf ihrem Weg durch die Hallertau in Mainburg eine Herberge suchen. Nicht zuletzt das nahe gelegene Schloss Ratzenhofen, auf dem häufig Trauungsfeiern stattfinden, führt viele Hochzeitsgäste zur Übernachtung in den

Kachel mit Brauereipferd Frieda in der Stube des Seidlbräu

Das ehemalige Läuterbecken aus Brauereizeiten – heute ein Brunnen

Seidlbräu. Darüber hinaus profitiert der Gasthof vom regen Mainburger Vereinsleben. Viele der örtlichen Gruppierungen sind regelmäßig in der Wirtschaft anzutreffen; der Zusammenhalt in der Stadt ist groß. Dies ist von hohem Wert, denn nur allzu häufig ist gerade auf dem Land die Existenz alteingesessener Gaststätten, die auf die örtlichen Vereine angewiesen wären, durch Vereinsheime und die vermeintlich billigere Selbst-Bewirtung bedroht.

Zu Sommerzeiten wird im Hof neben dem Gebäude ein kleiner Biergarten betrieben, der zu einer kühlen Erfrischung unter der großen Kastanie einlädt. Die ehemaligen Hofgebäude, die Stallungen für Pferde und Schweine sowie die Zimmer für Knecht und Magd, sind längst abgerissen. Ob die sicherlich notwendigen Parkplätze und Unterstellmöglichkeiten für Fahrräder in jedem Fall einen adäquaten Ersatz darstellen? An der Außenwand ist auch das einzige Überbleibsel aus den Zeiten der Brauerei zu finden: das sogenannte Läuterbecken (siehe S. 82). Heute zu einem Brunnen umgebaut, macht es mit leisem Plätschern auf sich aufmerksam. Von Außen ist auch die besondere Problematik mit dem Hochwasser am Gebäude sichtbar: Als tiefstgelegenes Haus in Mainburg ist der Seidlbräu stark vom schwankenden Grundwasserspiegel angesichts des häufigen Hochwassers betroffen. Dadurch sinkt der hintere Teil des Gebäudes im Laufe der Zeit immer mehr ab, es kommt zu Schäden in der Bausubstanz. An der Rückwand des Hauses können die Wasserstände mit den Hochwassermarken über die Jahre hinweg nachvollzogen werden.

Doch trotz der vielen Widrigkeiten hat es Familie Köglmeier über Jahrhunderte hinweg geschafft, sich verändernden Bedingungen anzupassen und ihren Gasthof zu erhalten. Der Seidlbräu ist ein gelungenes Beispiel für einen Familienbetrieb, der seine lange Geschichte bewahrt und zugleich – wie zu allen Zeiten – der Gegenwart Rechnung trägt.

Hotel-Gasthof Seidlbräu

Liebfrauenstr. 3
84048 Mainburg

Telefon: 08751-86290

info@seidlbraeu.de
www.seidlbraeu.de

Öffnungszeiten:
Montag–Sonntag
11:00–21:00 Uhr

Gasthof Sixt in Rohr

Der Gasthof Sixt liegt im kleinen Markt Rohr im Landkreis Kelheim. Den weit über Bayern hinausreichenden Ruhm verdankt Rohr dem 1133 gegründeten Kloster der Augustinerchorherren. Die bei einem Brand zum größten Teil zerstörte Kirche wurde 1717–23 in barocker Pracht wiedererrichtet. Geplant hat sie der gerade einmal 26-jährige Egid Quirin Asam, der mit dem Hochaltar zugleich eines der großen bildhauerischen Meisterwerke der europäischen Barockkunst schuf.

Der Gasthof befindet sich an der Stelle der alten Stiftsbrauerei. Das ehemalige Brauereigebäude entstand 1738, was die Jahreszahl über der Eingangstür belegt. Der dreigeschossige Steildachbau mit Schweifgiebeln trägt eine rosafarbene Putzbandgliederung auf der Fassade. An der Westseite steht in einer kleinen rundbogigen Nische eine Hausmadonna.

1920 kaufte Familie Sixt den Gasthof, der nun in der dritten Generation von Jakob Sixt geleitet wird. Der alte Bau wurde ständig renoviert, verändert und erweitert. So hat man die früheren Ökonomiegebäude, die Stallungen und die alte Scheune vor etwa 30 Jahren zu Fremdenzimmern umgebaut. Im ersten und zweiten Obergeschoss des Haupthauses gibt es 23 Gästezimmer. Hier war früher einmal der Saal, der 1951 in den hinteren Gebäudeteil verlegt wurde. Die Gewölbeform im Gastraum hat sich seit den 1950er Jahren stetig verändert, bis schließlich 1974 die heutige gewölbte Holzdecke eingezogen wurde. Der Raum ist insgesamt vier Meter hoch, was noch von der Funktion als Traidkasten (Getreidekasten) aus der Zeit der Klosterbrauerei herrührt. Holz prägt die Ausstattung der Gaststube: Neben dem helleren Holzgewölbe wird sie durch eine dunklere, flache Holzdecke erweitert. Hinzu kommen im Raum hohe Wandvertäfelungen.

Die Schanktheke ist gleichzeitig die Hotelrezeption. Unterstrichen wird das urige Ambiente durch allerlei Tand und historische Ansichten des Gebäudekomplexes und der Asamkirche. In früheren Zeiten waren die Gaststuben sehr häufig auch das Wohnzimmer der Wirtsleute: Daran erinnern heute die Spielsachen der Enkelkinder.

Vom Gastraum gelangt man in den Festsaal. Auch hier wird auf großartige Dekoration verzichtet, der Raum überzeugt eher durch seine Größe und Einfachheit. Fliesenboden und halbhohe Wandverkleidungen dominieren. Eine Ausnahme bilden die filigranen Goldleuchter mit Stuckrosetten an der Decke. Früher stand hier eine tragende Säule, die aber durch eine verkleidete Eisenträgerkonstruktion ersetzt wurde, um zusätzlichen Platz zu schaffen.

Ein Raum, von dem eine kleine Treppe in den Schießstand hinaufführt, wird von den Schützen genutzt. Auch hier setzt sich das Gesamtkonzept fort. In der kleinen Stube sind die Holzsäulen erhalten. Durch die Möglichkeit, die Trennwände aller drei Räume zu entfernen, können insgesamt 350 Personen Platz finden. Alle drei Stuben liegen linkerhand des Eingangsbereiches. Rechts davon gibt es noch ein kleines Zimmer, die Café-Stube für bis zu 25 Personen – ein idealer Ort für kleinere Festlichkeiten.

Im Hintergrund des Gasthofes ragt die Benediktinerabtei-Kirche Mariä Himmelfahrt (Asamkirche) auf

> ## Hopfensprossen
>
> Hopfensprossen – auch Hopfenspargel genannt – sind die weißen, bis zu zehn Zentimeter langen Sprossentriebe an den Wurzeln der Hopfenpflanze. Beim Hopfenanbau werden die Nebentriebe der Pflanze abgeschnitten, da nur drei Triebe benötigt werden, um ein optimales Wachstum zu erzielen. Bei der ärmeren Bevölkerung waren die Sprossen als Gemüse stets geschätzt. Mittlerweile hat man die Hopfensprossen auch für die gehobene Gastronomie entdeckt. Zwischen 40 und 130 Euro kostet ein Kilogramm des Hopfennebenprodukts. Der stolze Preis erklärt sich zum einen durch die aufwändige Ernte: Eine Stunde dauert es, um mit der Hand ein Kilo zu ernten. Hinzu kommt, dass die Sprossen zwischen März und April nur drei Wochen Saison haben. Sie eignen sich roh für Salate oder gekocht als Beilage.

Wer draußen sitzen will, kann wählen: entweder die Sonnenseite vor der Eingangstür oder den von einer Hofmauer umschlossenen Biergarten mit Kastanienbäumen und Spielplatz. Mit seinem Partyservice kann Jakob Sixt zwischen zehn und 5000 Personen bewirten.

Der Wirt hat sich zudem einen Namen mit Hopfenspargel bzw. Hopfensprossen gemacht. Er ist bekannt für die Zubereitung der Delikatesse. Vor einigen Jahren konnte er seine Spezialität auch dem damaligen Bundesminister Horst Seehofer kredenzen.

Jakob Sixt lebt nach seiner eigenen Philosophie: Erbe verpflichtet, und wenn man sich entschließt, solch ein Erbe anzutreten, muss man auch mit ganzem Herzen dabei sein. Man kann einen Betrieb wie diesen nicht einfach nebenbei führen. Es ist manchmal ein hart verdientes Brot, aber Jakob Sixt beweist, dass er seinen Gasthof in Rohr mit Leib und Seele leitet.

Gasthof Sixt

Asamstraße 1
93352 Rohr in Niederbayern

Telefon: 08783-9696-0

info@gasthof-sixt.de
www.gasthof-sixt.de

Öffnungszeiten:
Samstag–Donnerstag
08:00–01:00 Uhr
Freitag
08:00–13:00 Uhr
ab 13:00 Uhr auf Anfrage

Festlich geschmückter Saal

Gasthof Eigenstetter in Rottenburg an der Laaber

Das seit 1396 belegte Wappen der Stadt Rottenburg an der Laaber im Landkreis Landshut zeigt ein rotes Dreiecksschild, darauf eine silberne Burg mit einem runden und einem eckigen Turm hinter silberner Zinnmauer und blauen Dächern. Es ist die Erinnerung an die Burg, die einstmals auf dem Hofberg stand. Nachdem ständig wechselnde Herrscher hier residierten, wie die Ronninger, Moosburger und Wittelsbacher, wurde der Adelssitz im Dreißigjährigen Krieg 1632 zerstört. Damals brandschatzten die Schweden Rottenburg und Umgebung. Seit 1378 hat Rottenburg die Marktrechte und 1971 wurde die Ortschaft zur Stadt erhoben. Allerdings verlor sie schon ein Jahr später ihren Status als Kreisstadt mit dem alten Autokennzeichen ROL wieder und gehört seitdem zum Landkreis Landshut.

Direkt am Marktplatz, in der Marktstraße 19, steht der Gasthof Eigenstetter. Die imposante Fassade des aus dem späten 19. Jahrhundert stammenden Hauses ist schon von weitem sichtbar. Das graue

Die prunkvolle Fassade mit Treppengiebel

Gebäude bildet eine Dreiflügelanlage mit Satteldach, weiß abgesetztem Treppengiebel und zwei plastischen Friesbändern. Der Name des Wirtshauses ist in altdeutscher Schrift über dem Eingang zu lesen. Seit 1911 befindet sich das Anwesen im Besitz der Familie Eigenstetter, an deren Anfang Franz Eigenstetter steht. Früher gab es auch eine Landwirtschaft und eine Brauerei; übrig geblieben ist nur die Gastwirtschaft.

Der heutige Zustand der Gaststube geht auf die Renovierung von 1987 zurück. Davor war der Raum mit dunklem und – wie Wirtin Marianne findet – drückendem Holz ausgestattet. Heute hingegen erstrahlt er in warmen Holztönen und einer wohligen Atmosphäre. Die Wände mit ihren lang gezogenen Kassetten, Teile der Decke, die Eckbank und die Theke wurden mit mittelbraunem Holz verkleidet. Die Wände werden durch Bleiglasfenster unterbrochen, hinter denen die drei Nebenräume liegen. Die Gaststube bietet Platz für 40 Personen; in den Nebenräumen können 10, 15 oder

40 Gäste sitzen. Bis auf wenige Details ähneln die nachfolgenden Stuben dem Gastraum. Der kleinste Raum trägt eine Holzgewölbedecke.

Der große und hohe Saal fasst zwischen 250 und 300 Gäste, verfügt über eine Bühne und ist somit ideal für Feste aller Art. Früher wurden hier bis zu 20 Faschingsbälle gefeiert, doch hat sich die Faschingsfeierlaune gelegt, heute sind es nur noch zwei. Der gepflasterte Garten ist begrünt und auch von der Straße zugänglich.

Eine reichliche Auswahl an verschiedensten Salaten und Dressings rundet die gut bürgerlich-bayerischen Gerichte ab. Besonders beliebt im Gasthof Eigenstetter ist das große Angebot an Schnitzelgerichten – und das zu wirklich guten Preisen.

Gasthof Eigenstetter

Marktstr. 19
84056 Rottenburg a. d. Laaber

Telefon: 08781-1249

gasthof-eigenstetter@web.de
www.gasthof-eigenstetter.de

Öffnungszeiten:
Montag–Sonntag
10:00–13:30 Uhr
Donnerstag–Montag
19:00–24:00 Uhr

Hotel Goldene Sonne in Landshut

Landshut ist mit seinen mehr als 65 000 Einwohnern die größte Stadt Niederbayerns und Sitz der Regierung und des Bezirks. Sowohl die Stadt als auch die Burg Trausnitz wurden um das Jahr 1204 von dem Wittelsbacher Ludwig dem Kelheimer gegründet. Das Adelsgeschlecht, das Bayern von 1180 bis 1918 regierte, hatte bis 1253 seinen Hauptsitz in der an der Isar gelegenen Stadt. Dies war aber nicht der einzige Grund für den Aufstieg der Ortschaft, denn durch ihre Lage war sie zugleich ein bedeutender Handelsplatz. Der Hofberg bot einen idealen Ort für die Erbauung einer Burg und die Isar war hier leicht zu überqueren. Es wurde vertraglich festgelegt, dass alle Handelswege von der Alpenregion in Richtung Regensburg oder in den Bayerischen Wald in Landshut gebündelt werden mussten. Das waren die Voraussetzungen für eine aufblühende Stadt.

Das Wappen der Stadt, das seit 1275 geführt wird, zeigt drei blaue Eisenhüte mit verschlungenen roten Riemen auf silbernem Grund. Die Farben Silber und Blau betonen die Nähe der Landshuter zu den Wittelsbachern.

Eines der wichtigsten Ereignisse in der Geschichte der Stadt war die Vermählung Georgs des Reichen mit Hedwig von Polen im Jahre 1475. Die berühmte „Landshuter Hochzeit" wird heute noch alle vier Jahre aufgeführt. Hierzu finden drei Wochen lang Festspiele statt, an denen mehr als 2000 Landshuter als Darsteller teilnehmen und sich in die Zeit des Mittelalters zurückversetzen. Sonntags findet als Höhepunkt der große Festzug des Brautpaares durch die Altstadt statt. Insgesamt lockt das Spektakel jedes Mal über eine halbe Million Menschen an.

Eine bauliche Besonderheit Landshuts sind die beiden parallelen großen Marktstraßen: die Altstadt und Neustadt, wobei sich das meiste Leben in der Altstadt um das Rathaus und die Martinskirche mit dem bekanntermaßen höchsten Backsteinturm der Welt (130,6 m) abspielt. Der Straßenzug der „neuen Stadt" ist gesäumt von vielen gotischen Bürgerhäusern, die sich mit ihren unterschiedlichen Farben, den verschiedensten Formen und schmuckvollen Fassaden gegenseitig zu übertrumpfen versuchen.

Eines dieser gotischen Häuser beherbergt das Hotel Goldene Sonne, Neustadt 520. Die auffällige gelbe Blendfassade des stattlichen Gebäudes wird von einem geschweiften Giebel mit seitlichen

weißen Voluten geziert. Den Torbogen des Eingangsportals säumen zwei weiße toskanische Säulen, und dort glänzt, entsprechend dem Namen des Hotels, eine goldene Sonne.

Erbaut worden war das Haus in den Jahren zwischen 1250 und 1300, als die Altstadt durch die Neustadt erweitert wurde. Fast 700 Jahre später, am 5. Oktober 1920, kauften Albert und Therese Baier die alte Herberge. Die vielen Besitzer- und Pächterwechsel der vorangegangen Zeiten hatten das Haus stark mitgenommen und es renovierungsbedürftig gemacht. Tatkräftige Unterstützung erhielt das Ehepaar durch seine Geschwister, und so wurde aus der alten Bier- und Weinwirtschaft wieder ein gut besuchter Gasthof mit gehobener bayerischer Küche. Im Jahr 2000 ging die Goldene Sonne in dritter Generation an Karl Baier über. Seiner Frau Birgit gelang es als Managerin der Goldenen Sonne, in dem Familienunternehmen ein Vier-Sterne-Hotel zu etablieren.

Sobald wir in der hellen gewölbten Eingangshalle stehen, die das Haus in seiner gesamten Tiefe durchzieht, revidieren wir unseren anfänglichen Eindruck von einem kleinen, schnuckeligen Hotel. Hier spüren wir, warum die Goldene Sonne vier Sterne besitzt und erhalten einen ersten Einblick in die tatsächliche Größe des Bauwerks. Linkerhand des Eingangs, gegenüber der Rezeption, gelangen wir in die behagliche, mit viel dunklem Holz ausgestattete Gaststube, die sogenannte „Sonne-Stube". Hier können wir Spezialitäten der gehobenen bayerischen Küche aus der abwechslungsreichen Speisekarte und der Wochenkarte genießen.

Der Laubengang als typische Landshuter Bauweise verbindet die zwei schmalen Gebäude miteinander

Der Weg in den gemütlichen Biergarten durch die lange Eingangshalle führt am „Sonne-Saal" vorbei. Der behagliche Raum mit Gewölbe und Holzvertäfelung bietet bis zu 70 Personen Platz. Auf Grund der niedrigeren Decke vermutet Karl Baier, dass dies früher einmal der Pferdestall gewesen sein könnte. Des Weiteren entdecken wir im Durchgang eine typische Besonderheit der Landshuter Bauweise: Früher standen hier nämlich zwei schmale Gebäude hintereinander. Im späten Mittelalter wurden sie durch offene Laubengänge miteinander verbunden. In den 1970er Jahren wurde das hintere Gebäude bis auf den ersten Stock abgebrochen und vollständig wieder aufgebaut.

Auch Birgit und Karl Baier haben fortlaufend ihr Hotel renoviert und erweitert. So folgten mehrere Anbauten, wie das „Sonne-Platzl", das „Sonne-Salettl" und die Einhausung des Laubengangs. Bei den Arbeiten wurden unter anderem auch die alten Holzdecken und -balken wieder freigelegt. Einige dieser Balken wurden an anderer Stelle zu Dekorationszwecken wieder eingebaut, so in einigen Zimmern des Hotels oder im Gebäudeflur. Überall trifft der Besucher also auf Spuren der ein Dreivierteljahrtausend währenden Tradition des Hauses.

Nebenbei bemerkt: Kein anderer Besitzer hat es geschafft, das Hotel so lange sein Eigen zu nennen wie die Baiers. Anlässlich des Jubiläums „90 Jahre im Familienbesitz" erschien eine eigene kleine Zeitung, in der die Haus- und Familiengeschichte mit vielen Bildern erzählt wird. Karl Baier hat sich die Führung seines Hotels zur Lebensaufgabe gemacht und ihm ist wichtig, dass der historische Charme des beeindruckenden Gebäudes im Herzen Landshuts erhalten und für alle Gäste nicht nur sichtbar, sondern auch spürbar bleibt.

Hotel Goldene Sonne

Neustadt 520
84028 Landshut

Telefon: 0871-9253-0

info@goldenesonne.de
www.goldenesonne.de

Öffnungszeiten:
Montag–Sonntag
10:00–23:00 Uhr

Weisses Bräuhaus zum Krenkl in Landshut

Wie die Landshuter Neustadt beeindruckt auch die Altstadt der Dreihelmestadt (das Wappen zeigt drei Eisenhüte) mit ihren prächtigen gotischen Bürgerhäusern, die den großzügigen Straßenzug im westlichen Teil des historischen Kerns säumen. Direkt hinter dem Narrenbrunnen ragt die Fassade des Anwesens Altstadt 107 auf, das mit seinem geschweiften Knickgiebel mit Gesims aus dem 19. Jahrhundert den benachbarten Häusern in nichts nachsteht. Die Aufmerksamkeit ziehen viele Angebotstafeln vor dem Haus und nicht zuletzt die Aufschrift „Weißes Bräuhaus zum Krenkl" auf sich. Dahinter verbirgt sich eine der letzten verblieben altbaierischen Wirtschaften in Landshut.

Der Name der Gastwirtschaft geht auf Franz Xaver Krenkl zurück, den bekannten Münchner Lohnkutscher, Rennstallbesitzer und Pferdehändler. Was viele nicht wissen: Das Oktoberfest-Original war ein gebürtiger Landshuter! Lange Zeit dachte man, er wäre in diesem Haus zur Welt gekommen. Doch neuere Forschungen im Stadtarchiv zeigten, dass der Pferdefreund wohl in einem Nachbarhaus, dem Anwesen Altstadt 103, geboren worden sein muss. 1799

jedoch erwarb die Familie Krenkl das Haus Nummer 107 und bewohnte es ab 1802 nachweislich.

Früher war der Krenkl die Wirtschaft für Bauern von außerhalb, die Erledigungen in der Stadt zu machen hatten, hier einkehrten und sich zum Stammtisch trafen. Wenn sie auch in den letzten Jahren immer weniger geworden sind, so liegt dem Wirtsehepaar Gülmez die Stammtischkultur immer noch besonders am Herzen, und hier wird sie auch zuverlässig gepflegt. Deshalb ist das Lokal jeden Tag von halb neun Uhr morgens bis elf Uhr abends durchgehend geöffnet und bietet auch durchgehend warme Küche an, um immer eine Anlaufstelle für Stammgäste und Besucher von außerhalb zu sein.

Von außen mag die Gaststätte zunächst eher klein und ein bisserl unscheinbar wirken – drinnen wird der Besucher jedoch überrascht von der erstaunlichen Größe der Galerieräume und deren beachtlicher Ausstattung. An der Einrichtung hat das Ehepaar Gülmez seit der Übernahme 2003 nichts verändert, nur dem alten Holzboden wurde zu neuem Glanz verholfen. Beherrscht wird der Raum von der langen, dunklen Schanktheke, die die gesamte Raumlänge rechter Hand des Eingangs einnimmt. Die vielen Sichtbalken der Decke sorgen dafür, dass der Raum trotz seiner Größe ursprünglich und behaglich wirkt; das einnehmende Wesen der stets anwesenden Wirtin tut ein Übriges dazu. Überhaupt werden Persönlichkeit und Geselligkeit im Krenkl besonders hoch gehalten. Stammgäste und Personal pflegen freundschaftlichen Kontakt, nicht zuletzt deshalb, weil

Die Gaststube mit Stammgästen, die vom Wirtsehepaar fürsorglich bedient werden

Franz Xaver Krenkl
(* 15. November 1780 in Landshut, † 13. April 1860 in Stuttgart)

Ab 1806 lebte der Sohn des Landshuter Kleinuhrmachermeisters Xaver Krenkl in München. Nachdem er kurze Zeit in der bayerischen Kavallerie gedient hatte, sollten Pferde sein weiteres Leben bestimmen, denn er wurde erfolgreicher Pferdehändler, Rennstallbesitzer und Inhaber einer Lohnkutscherei für „geldige" Kunden. Einen Namen machte er sich besonders mit den Oktoberfestrennen, bei denen Pferde aus seinem Rennstall insgesamt 14 Mal den 1. Platz erreichten.

Bleibende Bekanntheit erlangte er jedoch auf eine andere Art: Bei einem Rennen im Englischen Garten überholte er mit seiner Kutsche verbotenerweise die Equipage des Kronprinzen Ludwig (später König Ludwig I.). Niemand durfte bessere Pferde als der kommende Herrscher haben. Der Zurechtweisung des Kronprinzen begegnete er mit dem heute geflügelten Wort: „Majestät, wea ko, dea ko." So verkörpert er bis heute die Vorstellung eines altbayrischen Urviechs: derb, doch immer mit der gewissen Herzensgüte; eine Respektsperson, die es selbst mit dem Respekt vor der Obrigkeit nicht so genau nimmt; ein Mann mit Schneid eben.

der Personalstamm seit der Eröffnung der gleiche geblieben ist und seine Gäste und ihre Wünsche genau kennt. Diese ungezwungene Stimmung schließt auch Tagesgäste wie Geschäftsreisende und Touristen ein. Marina Gülmez gefällt diese soziale Komponente ihres Berufs und sie freut sich, wenn sich eine Urlauberfamilie nach dem Mittagessen herzlich verabschiedet mit dem Gefühl, in dieser kurzen Zeit bereits Teil einer Gemeinschaft geworden zu sein. Das meiste Leben spielt sich wie schon immer in der Gaststube ab, denn nicht nur Touristen und Stammgäste verbringen hier

Die originelle Krenkl-Uhr, die etwa ein Drittel der Wandlänge einnimmt

gern ihre Zeit, sondern auch viele Vereine und Lokalpolitiker nutzen die Wirtschaft für Treffen und Veranstaltungen. So kommen die unterschiedlichsten Leute zusammen – doch hier sind alle gleich.

In der Gaststube des Krenkl stehen die Einrichtungselemente ganz in der Tradition des berühmten Kutschers: Die weißen Glasschirme der Lampen werden gehalten von metallenen Kutschensilhouetten samt Kutscher und Ross. Die große Wanduhr mit der Jahreszahl 1963 ist ein origineller Blickfang, denn etwa ein Drittel der Wandlänge wird von ihr eingenommen und der Namensgeber fährt mit seinem Gespann von Stunde zu Stunde, bis er jeweils um zwölf Uhr mittags und Mitternacht mit einem lauten Peitschenknall zurückschnellt.

Wer etwas mehr Ruhe sucht, findet diese im anschließenden Restaurantteil der Gastwirtschaft, der von der Stube durch eine Holzwand mit verglasten Durchbrüchen getrennt ist. Auch hier ist Platz für über 80 Gäste. Die mit dunklen Holzkassetten vertäfelte Decke und die mit zweierlei Hölzern gestaltete, halbhohe Wandvertäfelung verleihen diesem Raum ein edleres Flair. Besonders bei festlichen Anlässen wissen die Gäste des Krenkl diese Räumlichkeit zu schätzen. Möchte man eher im privaten Rahmen feiern, bietet die Gastwirtschaft noch einen kleineren Nebenraum für geschlossene Gesellschaften.

Neben ihrer Wirtschaft ist die Gartenarbeit die zweite große Leidenschaft der Wirtin und zugleich ihr Ausgleich. Die Früchte ihrer Arbeit wandern natürlich in die Küche des Krenkl und schließlich auf den Teller des Gastes. Saisonal werden verschiedene Gemüsesorten und Salate aus eigenem Anbau mitverwendet und ergänzen die gediegene Hausmannskost des seit langen

Jahren segensreich und gehaltvoll wirkenden Kochs. Die Spätzle werden hier noch von Hand geschabt und die Knödel selbst gedreht. Als Spezialität werden Innereien angeboten. Des muaß ma meng, zu Deutsch: Das ist vielleicht nicht jedermanns Sache, doch zu einem bayerischen Wirtshaus gehören halt traditionell auch Lüngerl, Leber und das „Inkreisch", was Liebhaber durchaus zu schätzen wissen.

So tragen die Bodenständigkeit, mit der Familie Gülmez ihr Gasthaus führt, ihr Einfallsreichtum und ihr herzliches Wesen dazu bei, eine alteingesessene, bayerische Wirtschaft weiterhin lebendig zu halten – auch ohne Internetauftritt und social media. „Mein Internet, das ist die Mundreklame", sagt Wirtin Marina, und ihr Konzept geht auf.

Weißes Bräuhaus Zum Krenkl

Altstadt 107
84028 Landshut

Telefon: 0871-24801

Öffnungszeiten:
Montag–Sonntag
8:30–23:00 Uhr

Restaurant Bernlochner in Landshut

Wer schon einmal aus nordwestlicher Richtung über die Luitpoldbrücke ins Landshuter Stadtzentrum gekommen ist, dem ist der dreigeschossige Gebäudekomplex am Ostufer der Isar mit Sicherheit schon aufgefallen. Imposant und breit erstreckt er sich an der Uferpromenade. Bis Juni 2014 befand sich noch das Landestheater Niederbayern in dem Gebäude, das vor über 170 Jahren als Theaterkomplex mit Hotel, Gaststätte, Brauerei und Wohnungen errichtet worden war.

Der Landshuter Brauerei-, Mühlen- und Handwerksbesitzer, Bau- und Theaterunternehmer Johann Baptist Bernlochner kaufte 1839/40 das Grundstück und erbaute aus eigenen Mitteln die eindrucksvolle Anlage. Feierlich wurde das Theater im Jahr 1841 mit dem Stück „Ludwig der Bayer" von Ludwig Uhland eingeweiht. Der Bauherr schuf etliche andere Gebäude in Landshut wie den alten Bahnhof und das Ottanium (heute Jugendherberge). Nach dem Konkurs und dem Verlust seines gesamten Vermögens 1869 starb Johann Baptist Bernlochner an einem Schlaganfall. Sein Grab auf dem Hauptfriedhof in Landshut wurde erst vor einigen Jahren wiederentdeckt.

Seit 1871 ist das Gebäude im Besitz der Brauerei Wittmann, Pächterin ist die Stadt Landshut. Dieses Verhältnis birgt Konfliktpotenzial, und seit die Sanierung des spätklassizistischen Theaters immer dringlicher wird, verschärft sich der Konflikt zusehends. Das Landestheater ist inzwischen ausgezogen und hat sich in ein eigenes Theaterzelt auf dem Landshuter Messegelände zurückgezogen. Wie es mit dem Komplex in Zukunft weitergeht, steht momentan noch in den Sternen. Auf eine positive Einigung ist zu hoffen!

Das Gasthaus, das schon im ursprünglichen Plan angelegt war, gibt es indes noch immer. Damals hieß es Zum goldenen Hahn, heute trägt es den Namen des Erbauers. Die Geschäftsführung hat 1996 Stefan Memmer übernommen, der zuvor unter anderem das Historische Eck in Regensburg betrieben hatte und vom ehemaligen Landshuter Oberbürgermeister extra für das Bernlochner geholt wurde.

Nicht nur die schiere Größe des Gebäudeensembles beeindruckt den Gast, sondern auch die aufwändige Fassadengestaltung in Gelbtönen mit Fenstergesimsen, Ecklisenen, Fensterbekrönungen im ersten und zweiten Stock und Zinnenfries unter dem Traufgesims.

Das Restaurant betritt man an der Schmalseite zur Luitpoldbrücke durch ein großes grünes Holztor. Geradeaus gelangt man ins bisherige Theaterfoyer, rechts und links in die Stuben des Gasthauses. In der Gaststube rechts säumt eine dunkle Holzgarderobe den Eingangsbereich, dahinter öffnet sich der Raum in edlem Altmünchner Gasthausstil. Die Ausstattung geht zurück auf die umfassende Sanierung und Renovierung im Jahr 1996. 90 Gäste finden hier Platz, um Köstlichkeiten der verfeinerten Regionalküche zu genießen. Grauer Holzboden, glatte, dunkle Vertäfelungen und ebenso dunkles, geradliniges Mobiliar verleihen der Gaststube ein zeitloses Antlitz. Moderne Lampenschirme in klassischem Poulsen-Design setzen gelungene Akzente. Üppige Zierelemente braucht es gar nicht, die gepflegte Gaststube ist sich selbst genug.

Vom Westufer der Isar gesehen: der Bernlochnerkomplex, im Hintergrund der Turm der Stiftsbasilika St. Martin und die Burg Trausnitz

    Das kleinere Clubzimmer links des Eingangs gleicht in der Ausstattung dem Gastzimmer. Blickfänge sind die gekonnt arrangierten historischen Aufnahmen der Stadt Landshut und des Bernlochner-Komplexes, ergänzt von Porträts wichtiger Persönlichkeiten aus der Geschichte des Gasthauses.

    Ein besonderes Prunkstück der Anlage befindet sich im ersten Stock: der prächtige Redoutensaal, der bei seiner Erbauung einzigartig und seiner Zeit weit voraus war. Über zwei Stockwerke reicht der ausladende Saal mit Galerie, der durch geschickte Raumaufteilung für Veranstaltungen mit 100 bis 500 Gästen bestens geeignet ist. Die Ausstattung auf dem neuesten technischen Stand sorgt dafür, dass jegliche Bedürfnisse erfüllt werden können, sei es nun bei Tagungen, Hochzeiten oder großen Firmenfeiern. Vermietet wird der Saal von der Stadt, das Catering übernehmen Stefan Memmer als Restaurantleiter und Helmut Krausler als Koch und ihr Team. Helmut Krausler ist es übrigens gelungen, 1977 den ersten Michelin-Stern nach Niederbayern zu holen.

Edle Brände kombiniert mit stimmungsvoller Klaviermusik

Neben den geschlossenen Räumen hat das Bernlochner auch Sitzplätze im Freien zu bieten. Und die sind nicht zu verachten! Direkt an der Uferpromenade der Isar genießt man einen herrlichen Ausblick auf das andere Ufer, während unten ruhig der Fluss vorüberzieht.

Wenn auch das Bernlochner gehobene Küche anbietet, so lockt seine gastliche Art doch den ein oder anderen Stammtisch in das alteingesessene Lokal. Jeden vierten Donnerstag finden sich zum Beispiel die Eisstockschützen nach dem Training in der Eishalle hier zum wohlverdienten Absacker ein.

Zu hoffen bleibt nur, dass die Räumlichkeiten in diesem bedeutenden Baudenkmal erhalten werden können und nicht an der Uneinigkeit zwischen Eigentümer und Pächter zugrunde gehen.

Die fein gedeckte Gaststube des Bernlochner

Restaurant Bernlochner

Ländtorplatz 2-5
84028 Landshut

Telefon: 0871-89990

Öffnungszeiten:
Montag–Sonntag
10:00–24:00 Uhr
Küche
11:00–14:00 Uhr
18:00–22:00 Uhr

Tafernwirtschaft Hotel Schönbrunn in Landshut

Schönbrunn ist nicht nur ein Stadtteil Landshuts, sondern auch eine ehemalige Schlossanlage. 1667 wurde mit ihrem Bau begonnen, und 1690 hat man sie um ein weiteres Gebäude erweitert, das als einziges noch steht. Es macht ungefähr ein Viertel der ursprünglichen Größe aus. Bereits 1788 wurde hier Bier ausgeschenkt; den Anfang machte dabei der Bauernsohn Josef Hilz. Erst 1826 erhielt das Haus die Taferngerechtigkeit (siehe S. 179). Erneuten Aufschwung erfuhr das Gebäude nach dem Erwerb durch die Münchner Augustiner-Brauerei im Jahr 2009. Sie renovierte das mittlerweile marode Bauwerk und fand mit Peter Stix einen Pächter, der aus einer Wirtsfamilie stammt und in Landshut noch die Tafernwirtschaft Schwaiger besitzt. Somit brachte er die entsprechende Erfahrung mit, und so erfüllte sich für ihn der lang gehegte Wunsch, ein Wirtshaus mit Hotelzimmern zu leiten.

Beim Betreten eröffnet sich dem Gast ein großer, heller und freundlicher Gastraum, der bis zu 350 Personen fasst. Durch die massiven Pfeiler, die das Gewölbe tragen, wird der Raum optisch in mehrere kleinere Nebenräume unterteilt. Wände und Pfeiler sind halb hoch mit dunklen

Einblick in die Gaststube der Tafernwirtschaft

Kassetten verkleidet. Das Interieur besteht aus dunklen, geradlinigen Stühlen und kassettierten Sitzbänken, wodurch der Raum die nötige Atmosphäre erhält. Ein wichtiges Ausstattungsstück ist der von Peter Stix eigens gebaute Stammtisch aus Esche, da die anderen Tische für die vielen Stammtischler zu klein geworden waren.

Durch den langen gewölbten Gang links des Eingangs kommt man vorbei an der Theke zu den 34 Hotelzimmern und in die weiteren Räumlichkeiten. Da gibt es zum einen die „Hofmark", welche ideal für kleine Familienfeiern und Tagungen ist; 40 Personen haben hier Platz. Der Fußboden ist noch original erhalten, die Wände vertäfelt, rundbogige Balkontüren führen in den Garten.

In Schönbrunn gibt es noch zwei weitere Säle, den „Theresia"- und den „Reichsgraf-Saal". Im kleineren finden 60 Personen und im größeren 90 Personen Platz. Der Theresia-Saal liegt am Gang und kann mit einem Vorhang von diesem getrennt werden. Zudem gibt es große gerundete Flügeltüren mit Landschaftsmotiven, durch die beide Räume miteinander verbunden werden können, was mehr Möglichkeiten für private Veranstaltungen eröffnet. Beide Räume haben einen Holzboden und eine halbhohe Kassettenverkleidung. Der große Saal ist in Creme- und Goldtönen gehalten. Von

Die Hofmark mit dem original erhaltenen Fußboden

hier aus führt auch eine Tür in einen separaten Apfelgarten.

Bei den Hotelzimmern im ersten Stock lag früher ein großer Tanzsaal, der mit einem allegorischen, also symbolischen Deckengemälde verziert war. Heute sind nur noch Fragmente davon übrig, die leider bei den Renovierungsarbeiten nicht mitberücksichtigt wurden. Für die in diesem Raum eingebauten Hotelzimmer wurde eine eigene Decke eingezogen, sodass die Malereien dennoch sichtbar sind.

Wie es sich für eine bayerische Gastwirtschaft gehört, gibt es auch einen Biergarten. Und das in einer beachtlichen Größe – bis zu 500 Personen können hier ihr Bier und die bayerischen Gerichte unter den vielen alten Kastanien zu sich nehmen. Auch für die Kleinen ist gesorgt. Im Blickfeld der Eltern dürfen sich die Kinder auf dem hauseigenen Spielplatz austoben. Alte Eichenstämme wurden zu offenen Feuerstellen zum Grillen und zu individuellen Sitzgelegenheiten umfunktioniert. Direkt dahinter beginnt der Wald.

Die Tafernwirtschaft Schönbrunn ist das beste Beispiel dafür, dass es sich lohnt, sich alter Gebäude wieder anzunehmen und dafür zu sorgen, dass traditionsträchtige Häuser nicht verkommen. Unter den schönen Gewölben lässt sich bayerische Küche besonders genießen.

Tafernwirtschaft Hotel Schönbrunn

Schönbrunn 1
84036 Landshut

Telefon: 0871-95220

info@hotel-schoenbrunn.de
www.schoenbrunn-hotel.de

Öffnungszeiten:
Montag–Sonntag
10.00 Uhr–01:00 Uhr

Der Grosswirt in Mirskofen

„Geh' ma zum Grosswirt!" So lautet die Devise in und um Mirskofen seit knapp 400 Jahren. Denn seit 1618 ist die Taferngerechtigkeit (siehe S. 179) der Wirtschaft nachgewiesen. Ein Wirtshaus in Mirskofen wird sogar schon in einer Urkunde aus dem Jahr 1395 erwähnt. Die Besiedelungsgeschichte des Ortes und der Region um Essenbach im Landkreis Landshut geht indes noch viel weiter zurück: bis ins Jahr 4000 vor Christus. Mal fand man beim Maibaumaufstellen ein bajuwarisches Grabmal, mal förderte man in Neubaugebieten römische Münzen zu Tage. Sogar einen 55 Tonnen schweren römischen Ziegelbrennofen holte man mit viel Müh' und Not aus dem Erdreich. Im archäologischen Museum in Essenbach gibt es viele jungsteinzeitliche, keltische, bajuwarische und römische Fundstücke aus dem Isartal zu bewundern (zur Besichtigung ist ein Termin zu vereinbaren).

Wer ist denn nun der „grosse" Wirt? Seit 2010 macht Jürgen Stillner dem Namen der Wirtschaft wieder alle Ehre. Dazu gebracht hat ihn ein glücklicher Zufall: Zu dieser Zeit stand das Wirtshaus seit einem Dreivierteljahr leer. Ein richtiges bayerisches Dorfwirtshaus sollte wieder her! Also machte sich der studierte Historiker und Politikwissenschaftler daran, der Schenke neues Leben einzuhauchen. Zuerst nur probeweise und neben seinem eigent-

Der Grosswirt mit frischem Anstrich

lichen Beruf – um zu schauen, ob sich die Mühe in der Zeit des Wirtshaussterbens überhaupt rentierte. Mittlerweile hat er seinen alten Beruf aufgegeben und ist Vollzeit-Wirt, und die Mühe hat sich gelohnt! Der Grosswirt hat wieder einen festen Besucherstamm und ist für Mirskofen und das Umland eine der ersten Adressen.

Einen großen Teil dazu beigetragen hat das außergewöhnliche Programm des Gastgebers: In unregelmäßigen Abständen gibt es Musik, Kabarett, Lesungen oder Theateraufführungen – alles sorgfältig ausgewählt nach dem kennerhaften Gusto des Wirts. Damit dann oben im Saal ordentlich gefeiert werden kann, sind dort Schallschutzfenster eingebaut. Bei schönem Wetter zu Sommerszeiten feiert man ebenso gern im Biergarten unter alten, großen Kastanien, wo es auch eine Bühne gibt.

Die erlesene Bier-, Wein- und Spirituosenauswahl ist etwas, das die Gäste des Grosswirts zu schätzen wissen. Und auch hier gilt für Jürgen Stillner: Ins Glas kommen nur ehrliche Qualitätsprodukte. Dabei lässt er sich auch mit Freude von seinen Gästen beraten. So lädt er einmal im Monat sein Auto voll mit einer Auswahl feiner Bierspezialitäten, die er dann zusätzlich zu seinem Stammbier der Brauereien Hohenthanner und Unertl anbietet. Und selbes gilt natürlich auch beim Essen: eine kleine, feine Auswahl bodenständiger regionaler Schmankerl, die Karte wechselt regelmäßig.

Das freundschaftliche Engagement der Gäste hat auch auf die Ausgestaltung der Stube Einfluss genommen. Dorthin gelangt man vom Flur aus links. 40 Besucher haben Platz. Den schlichten und klaren Eindruck ergänzen wohlüberlegt angebrachte Details: die alten Schwarz-Weiß-Fotografien zeigen historische Ortsaufnahmen und das alte Wirtshaus; sie sind allesamt ein Geschenk des Eigentümers zur Wirtshauseröffnung. Der Wertschätzung von hochwertigem Hochprozentigem wird mit einer kleinen Destillationsapparatur und edlen Whiskys auf den Fensterbrettern Rechnung getragen. Andere Schätze wie Zirbenbrand, Zwetschge im Eichenfass oder Kricherlbrand – um nur eine kleine Auswahl zu nennen – warten im Wirtshausschrankerl auf genussfreudige Liebhaber. Die dunkle Penduhr ist die Dauerleihgabe eines Gastes, „weil sich das für eine anständige Wirtsstub'n so g'hört!"

Das Wirtshausschrankerl mit des Grosswirts Schätzen

Besonders wohl fühlt sich hier der ortsansässige Verein zur Erhaltung der niederbayerischen Kultur (VENK), der auch sein Maskottchen, den kleinen Wolpertinger Ludwig, in die gute Stube gebracht hat. Manchmal veranstaltet der Verein heimatkundliche Vorträge oder es werden Watt- und Schafkopfturniere ausgetragen. Brauchtumspflege und Heimatkultur sind ein großes Thema im Grosswirt, allerdings in unaufdringlicher und angenehm zurückhaltender Weise.

Und für andere Kultur ist auch noch Platz. Im Nebenzimmer veranstaltet Jürgen Stillner jährlich eine Ausstellung verschiedener Künstler. Mal sind es Fotografien, mal Gemälde oder Kalligraphie. Weltoffenheit und Heimatliebe gehen hier Hand in Hand.

Im kleinen Stüberl, vom Fletz (Flur) aus rechts gelegen, kann man einen Blick in die Substanz des alten Wirtshauses werfen. Sorgsam wurden die alten Balken der Außenwand freigelegt und schaffen ein natürliches Flair. Das Gebäude wurde zwar in Blockbauweise gezimmert, doch durch den Putz ist es von außen nicht von einem gemauerten Bau zu unterscheiden.

Wie schon in der Gaststube, so wurden auch in den übrigen Räumen zurückhaltende Akzente gesetzt. Geradlinig und ehrlich kommt das Wirtshaus daher. Im Mittelpunkt stehen die Persönlichkeit und das Leben, das sich hier abspielt. Genau das liebt Jürgen Stillner an seinem Wirtshaus, obwohl er sich nie vorstellen konnte, Wirt zu werden – und jetzt ist er doch einer – und was für einer! Ein Letztes: Vor einem Besuch sollte man unbedingt die Öffnungszeiten auf der Internetseite beachten! Die sind nämlich von den Jahreszeiten und den Veranstaltungen abhängig; oder aber, der Wirt ist auf Grosswirtfahrt. Was das ist? Fragen Sie nach, es lohnt sich!

Grosswirt Mirskofen

Bahnhofstrasse 4
84051 Essenbach

Telefon: 08703-9057047
0151/23779794

info@mirskofen-grosswirt.de
www.mirskofen-grosswirt.de

Öffnungszeiten:
Mittwoch–Samstag
ab 18:00 Uhr

Landgasthof zur Post in Mengkofen

Das im Aitrachtal gelegene Mengkofen, eine kleine Gemeinde des Landkreises Dingolfing-Landau, hat rund 5800 Einwohner. Das Zentrum bildet die spätbarocke Kirche Mariä Verkündigung, 1717 von Franz Adam Josef von Lerchenfeld gestiftet, dessen Epitaph aus rotem Marmor einen besonderen Schmuck des Gotteshauses darstellt.

Der Name des an der Hauptstraße, ein gutes Wegstück nordöstlich der Pfarrkirche stehenden Landgasthofs zur Post kommt nicht von ungefähr. Bereits 1704 ist in einer Notiz von dem Posthaus mit Wirtshaus die Rede. 1767 erlangte der Wirt Zellerer sogar den Titel eines kaiserlichen Posthalters. Die Modernisierung der Verkehrs- und Kommunikationsmittel im 19. Jahrhundert sorgte für einen Aufschwung der Posthalterei. So wurden eine Vereinstelegraphenstation, eine Postomnibusverbindung zwischen Dingolfing und Mengkofen und 1890 ein Telefon eingerichtet. Später verlor die Post an Bedeutung, was sich auch auf den Wirtshausbetrieb auswirkte. Erst als sich das Apothe-

kerpaar Gusti und Kurt Nagelstutz, die im gleichen Haus ihre Apotheke betrieben, des Gebäudes annahmen, erfuhr es wieder einen Aufschwung. Es erfolgten aufwändige Renovierungsarbeiten am und im Haus, der ehemalige Pferdestall wurde in einen „Eventstadel" umgebaut. Nachdem die Familie Nagelstutz zehn Jahre lang den Landgasthof erfolgreich geführt hatte, übernahm 2009 der Koch Markus Lenke die Aufgabe der Leitung des Vier-Sterne-Hotels und Restaurants.

Das Haus ist als ehemalige Poststation eine stattliche dreiflügelige Anlage aus dem 18. Jahrhundert. Das lange Hauptgebäude mit Walmdach und Schmetterlingsgauben beherbergt den Eingangsbereich mit Rezeption, das Restaurant und den Zugang zum Wintergarten. Wilder Wein und Rosen wachsen an der Außenfassade. Im eingeschossigen Zwischengebäude befinden sich die Hotelzimmer. Der dritte Flügel der Anlage ist der ehemalige Pferdestall. Wer beim Anblick des imposanten Gebäudekomplexes glaubt, ein altes, gut bayerisches Wirtshaus vor sich zu haben, wird eines Besseren belehrt, denn das Innere ist modern eingerichtet. Nur noch die Solnhofener Platten im Foyer und die Scheune, mit Ausnahme des Bodens und der Dachdeckung, sind Zeugnisse der alten Zeit.

Modernes Holzdesign prägt die Einrichtung, wie bei der Rezeption und der offenen, von zwei Seiten erreichbaren Bar. Schwere Möbel füllen den Raum, so etwa ein alter, mit reichlich Schnörkeln verzierter Tisch, auf dem erlesene Weine und Obstbrände aufgestellt sind.

Rechter Hand des Eingangs liegt die kleine, recht überschaubare Wirtsstube. Auch hier ist modern gestaltetes Holz Grundbestand der Ausstattung, kontrastiert durch die dunkle Möblierung.

Im Glas der modernen Lampe spiegelt sich der Gastraum wider

Der alte Fußboden wurde dabei erhalten. Er bringt durch die sichtbare Abnutzung ein traditionelles Gepräge in das sonst so neue Interieur.

Einen stilvollen Ort, um die auserlesenen Gerichte des Landgasthofes zu genießen, bietet das Gourmetrestaurant im neu angebauten Wintergarten. Bei seinem Bau wurde ein alter Torbogen freigelegt, der nun den Zugang bildet. Durch die lange Fensterfront und die Glasdecke entsteht ein heller, lichtdurchfluteter Raum, der ein besonderes Ambiente schafft; vorgelagert ist noch eine Terrasse.

Der mit Efeu bewachsene „Eventstadel" ist ein beliebter Ort für Hochzeiten und größere Veranstaltungen der Gemeinde Mengkofen. Die Ziegelwände und der offenen Dachstuhl mit den mächtigen Stütz- und Tragbalken verleihen eine urtümliche Atmosphäre. Hier kann auf zwei Ebenen gefeiert werden, da der alte Heuboden in eine kleine Galerie für 50 Personen umgebaut

Original erhaltener Dachstuhl in der Scheune, die für größere Veranstaltungen genutzt wird

wurde. Der untere Bereich fasst bestuhlt und mit einer Tanzfläche bis zu 200 Personen. Bei großen Veranstaltungen können schon einmal 600 Personen Platz finden.

Im Landgasthof zur Post gibt es keine traditionelle bayerische Küche. Markus Lenke serviert seinen Gästen, ganz im Stil eines Vier-Sterne Hotels, eher die „haute cuisine", bis auf den Sonntag allerdings nur abends.

Wer also nach 49 traditionellen Wirthäusern eine (Post-)Station sucht, die Alt und Neu einmal auf eine etwas andere Art verbindet, wird im Gasthof zur Post das gewisse Etwas finden, das zahlreiche Auszeichnungen unterstreichen.

Landgasthof-Hotel Zur Post

Hauptstraße 20
84152 Mengkofen

Telefon: 08733-92270

info@post-mengkofen.de
www.post-mengkofen.de

Öffnungszeiten:
Montag–Donnerstag
18:00 Uhr
Freitag–Samstag
mit Reservierung
Sonntag Mittag geöffnet
11:00–14:00 Uhr

Hotel-Gasthof Postbräu in Dingolfing

Der Kern der heutigen Kreisstadt des Landkreises Dingolfing-Landau weist eine bemerkenswerte Gliederung auf: Die Ortschaft ist als Doppelstadt angelegt und in eine obere und eine untere Stadt geteilt. Bereits vor über 1200 Jahren entstand die Siedlung der Unterstadt im Bereich der Pfarrkirche St. Johannes, ausgehend vom Gutshof der agilolfingischen Herzöge; lange stand sie unter dem Einfluss des Bischofs von Regensburg. Erst 1251 erfolgte die offizielle Stadtgründung durch Herzog Otto II., der auf der Höhe über der bestehenden Siedlung die obere Stadt errichten ließ. 1265 wurden die beiden Siedlungen schließlich vertraglich zu einer Stadt vereint. Dieser Akt ist auch in das Dingolfinger Wappen eingegangen und wird von zwei goldenen Sternen symbolisiert. Mit der Eingliederung weiterer Gebiete kam 1330 ein dritter Stern hinzu.

Direkt im Zentrum der älteren Unterstadt, in der platzartig erweiterten Bruckstraße, zieht ein imposanter zweiteiliger Trakt die Blicke auf sich: der Hotel-Gasthof Postbräu. Seit die neue Pächterfamilie Rieger den alten Gasthof übernommen hat, erstrahlt die helle Fassade mit der stattlichen zinnenbesetzten Vorschussmauer aus der zweiten Hälfte des 19. Jahrhunderts in neuem Glanz. Im Kern reicht das Gebäude bis in das 17. oder 18. Jahrhundert zurück, und so wird 1732 erstmals auch der Gasthof schrift-

Der Turm der Stadtpfarrkirche St. Johannes ist im Hintergrund des Hotel-Gasthofs Postbräu zu sehen

Der lauschige und ruhige Biergarten im Innenhof

lich erwähnt. Lange Zeit war hier die Poststation untergebracht, Übernachtungsmöglichkeiten im Haus sind schon früh bezeugt. Seither wurde der Brauerei-Gasthof von vier verschiedenen Familien geführt, bis er 2007 schließlich von Prof. Werner Sturm aus Landau a. d. Isar, verheiratet mit der Besitzerin der dortigen Brauerei Krieger, gekauft wurde. Seit 2011 leitet die freundliche Familie Rieger die Gaststätte, die zuvor noch Hotel Alte Post hieß. Eigentümer und Betreiber wollten ihr jedoch mit der Übernahme ein neues Antlitz verleihen und entschieden sich daher für den jetzigen Namen, den das Haus Mitte des 19. Jahrhunderts schon einmal führte. Nur der Ausleger an der Fassade erinnert heute noch an den vorherigen Namen.

Der Eindruck, den das beachtliche Bauwerk von der Straße aus vermittelt, verstärkt sich, wenn wir uns seiner gesamten Größe bewusst werden. Durch einen gerundeten Torbogen betritt man die stichbogig, gewölbte Tordurchfahrt. Dahinter eröffnet sich der großzügige, vierseitig umbaute Innenhof des Komplexes, der im Sommer auch als Biergarten genutzt wird. Ringsum erstrecken sich die Hotelzimmer, die Pächterwohnung und die mit drei Toren ausgestattete ehemalige Stallung für die Postpferde. Heute dient der alte Stall wesensgemäß als Lagerraum und Garage. Im rechten Teil können Gäste ihre Fahrräder unterstellen. An der unterschiedlichen Fensterhöhe der einzelnen Gebäudeteile ist hier auch der Zusammenbau zweier Häuser zu einem erkennbar. Diese Tatsache macht sich auch im Inneren bemerkbar: Im ersten Obergeschoss sind die breiten Flure zu den insgesamt 21 Hotelzimmern auf unterschiedlichen Ebenen durch Bögen und Stufen verbunden. In den Gasträumen im Erdgeschoss wird dies nur an der höheren Lage des Saals im östlichen Gebäude deutlich, der als Frühstücksraum für die Hotelgäste dient und bei größeren Festlichkeiten genutzt wird. Hier schaffen die beigen Wände mit den weißen Stuckkassetten, die mit Hohlkehlen abgesetzte hohe Decke und die mächtigen zwölfarmigen Leuchter ein feines Ambiente.

Der festlich geschmückte Saal

Shanty-Chor

Shantys sind Seemannslieder mit eingängigem Refrain, die von den Matrosen bei der gemeinsamen Arbeit auf Segelschiffen gesungen werden. Ihre Geschichte beginnt um das Jahr 1450 in Schottland; im sogenannten Comlayant of Scotland sind Shantys zum ersten Mal schriftlich festgehalten. Ihre Blütezeit endete um 1875 mit dem verstärkten Aufkommen der Dampfschifffahrt.
Beim Gesang wird meist ein Solopart vom „Shantyman" übernommen, während die Mannschaft gemeinschaftlich den Refrain anstimmt. Je nach Schiffsart haben sich unterschiedliche Shantys herausgebildet; so singt die Besatzung eines Kriegsschiffes andere Lieder als die eines Walfängers. Auch für die unterschiedlichen Tätigkeiten auf dem Schiff gibt es Shantys, so für das Setzen der Segel oder das Lichten des Ankers. Durch das gemeinsame Singen fiel es den Matrosen leichter, die Arbeit im gleichen Takt zu verrichten. Heutzutage wird dieses traditionelle Liedgut von Shanty-Chören gepflegt, hauptsächlich in Hafen- und Küstenstädten Norddeutschlands. Bekannte Shantys sind „What shall we do with the drunken sailor" oder „De Hamborger Veermaster". Durch die internationale Seefahrt verbreiteten Shantys sich schnell, wurden in verschiedene Sprachen übertragen und vermischten sich mit anderen Volksliedern.

Im rustikalen Gastraum mit seinen dunklen Holzdielen ruht die Decke auf einem mächtigen, verwitterten Holzbalken, einem Unterzug; hier finden bis zu 40 Gäste Platz. Die Zeichnungen und Kupferstiche an den Wänden zeigen das Haus und die Stadt in früheren Zeiten. Im etwas kleineren Stüberl rechts der Toreinfahrt ist Platz für bis zu 30 Gäste. Auch hier gibt es den charakteristischen Holzboden, von der durchbrochenen hellen Wandvertäfelung stimmungsvoll ergänzt. Von diesem Raum aus gelangt man in das kleine Zimmer der Marinekameradschaft, die sich im Postbräu regelmäßig trifft. Vielerorts ist dieser Verein bereits verschwunden, hier jedoch erinnern viele Ausstattungsstücke an die militärische Zeit auf hoher See, deren Andenken die Ehemaligen mit großer Sorgfalt pflegen. Die starke Präsenz der Marinekameradschaft zeigt sich auch darin, dass in Dingolfing bis heute ein Shanty-Chor besteht, der sich natürlich auch regelmäßig im Postbräu einfindet. Daneben beherbergt das Gasthaus viele andere Stammtische und Vereine.

Nicht zuletzt sorgt die bodenständige, deftige Küche des Postbräus für diesen großen Zulauf. Klassiker wie Krustenbraten und Schweinshaxen kommen resch und frisch auf den Tisch, ergänzt vom Mittagsangebot der Tageskarte, die immer auch mit kräftigen Suppen und Brühen aufwartet.

So hat es die junge Familie Rieger mit viel Einsatz und Herzblut geschafft, dem alten Gasthaus zu neuer Größe zu verhelfen und dieses denkwürdige Dingolfinger Bauwerk für hoffentlich noch viele weitere Jahrzehnte und Generationen zu erhalten.

Die gewölbte Tordurchfahrt mit Stichkappen

Hotel-Gasthof Postbräu

Bruckstraße 7
84130 Dingolfing

Telefon: 08731-31460

info@postbraeu-dingolfing.de
www.postbraeu-dingolfing.de

Öffnungszeiten:
Montag–Freitag
11:00–13:45 Uhr
17:30–21:45 Uhr

Schlosswirtschaft in Gerzen

Als 1833 Maximilian Graf von Montgelas das Schloss in Gerzen, einer Gemeinde im Landkreis Landshut, kaufte, war dies als Familiensitz gedacht. Ursprünglich wurde das Renaissance-Schloss 1562 mit Schlosskapelle und einer großen Parkanlage erbaut; seit 1597 residierten die Freiherren von Vieregg auf der mittlerweile geschlossenen Hofmark. Auch die Montgelas lebten hier bis zum Verkauf der Anlage 2009 an das Ehepaar Waldinger. Ab diesem Zeitpunkt sollte das Gebäude eine neue Nutzung erfahren. Da es im Laufe der Jahre ziemlich heruntergekommen war, musste das alte Schloss erst einmal aufwändig und von Grund auf saniert werden. Insgesamt zwei Jahre dauerten die Renovierungs-

arbeiten, wobei sich auch eine spontane Planänderung ergab: Eigentlich sollte eine Gaststätte mit darüber gelegenem betreutem Wohnen errichtet werden, doch nun befinden sich im ersten Stock elegant hergerichtete Hotelzimmer.

Am 1. Januar 2012 wurde das alte Schloss im neuen Glanz feierlich eröffnet. Es war genauestens darauf geachtet worden, den ländlichen, dennoch eleganten Charme eines einstigen Jagdschlosses zu erhalten. Daher hat Edeltraud Waldinger sehr viel Mühe und Arbeit in die Ausstattung gesteckt und mit viel Engagement jedes Detail renovieren bzw. anfertigen lassen oder auf Flohmärkten erstanden. So kommt es, dass hinter jedem noch so kleinen Element und jedem Bauteil eine ganz eigene kleine Geschichte steckt.

Mehrere Räume stehen den Gästen zur Verfügung. Da gibt es zum einen den Salon mit einer dunklen Bohlenbalkendecke, deren filigrane Bemalung dem Original angepasst wurde. Der mächtige Kachelofen beheizte das frühere Haus der Waldingers. Das mit Schnitzereien verzierte Sofa kommt durch die sonst schlichte und dunkle Bestuhlung gut zur Geltung. An der Decke hängen zehnarmige, schwere Metallleuchter.

Die Parkanlage gehört zum Schloss und wird auch von den Bewohnern des benachbarten Pflegeheims genutzt. Sie ist ein idealer Ort für Veranstaltungen des Hauses (nicht des Pflegeheims!), wie die „Mördernacht" oder das Schlossparkfest.

Luftaufnahme von Schloss Gerzen mit angeschlossener Parkanlage

Der hauseigene Altar, der gern für Hochzeiten genutzt wird

Das Stüberl mit angrenzendem Salettl wird morgens als Frühstücksraum für die Hotelgäste genutzt. Die vielen alten Bilder, teils vom Schloss, teils vom früheren Bauernleben in Gerzen, darunter auch einige Familienbilder der Waldingers, versetzen den Gast in eine andere Zeit und machen deutlich, wie alt das Haus ist. Auch hier dominiert die noch originale Bohlenbalkendecke mit Unterzügen und vier schweren Metallleuchtern sowie ein alter, aufwändig renovierter Montgelas-Kachelofen.

Im Schloss werden vor allem die historischen Kellergewölbe geschätzt. Genutzt werden sie für Feiern oder das beliebte Ritteressen, bei dem man vier Stunden lang dem – eher ideal gesehen – mittelalterlichen Leben frönen kann. Zwei kleinere Keller, Schwemme und Wappensaal sowie ein größerer Gewölbekeller, der Ritterkeller, stehen zur Verfügung.

Rechts unten: Einblick in den historischen Keller

Das Schloss wird häufig für Hochzeitfeiern genutzt, weil Brautpaare in der Hauskapelle heiraten, anschließend hier feiern und nächtigen können. Alle Zimmer und Suiten haben unterschiedliche Namen und wurden dementsprechend eingerichtet – edel und prunkvoll. Das komplette Haus ist übrigens barrierefrei.

Auch wenn das Ehepaar Waldinger bislang keine gastronomische Erfahrung hatte, so haben sie es dennoch mit viel Liebe und Aufwand geschafft, das heruntergekommene Schloss wieder zu beleben und daraus einen ganz besonderen Ort zu machen. Egal, ob man zum Heiraten, Feiern, zu einem romantischen Wochenende zu zweit, zum Ritteressen oder einfach für ein Abendessen kommt, hier ist man auf jeden Fall richtig! Gutes bayerisches Essen in einem einzigartigen Ambiente erwartet jeden Gast.

Schlosswirtschaft Gerzen

Schlossparkstraße 5
84175 Gerzen

Telefon: 08744-966330

info@schloss-gerzen.de
www.schloss-gerzen.de

Öffnungszeiten:
Mittwoch–Freitag
15:00–24:00 Uhr
Samstag, Sonn- und
Feiertage ab 11:00 Uhr
Ruhetag: Montag–Dienstag

Der Schlappinger-Hof in Reisbach

Inmitten der sanften Hügellandschaft des Tals der Vils und letwa 13 Kilometer südöstlich der Kreisstadt Dingolfing liegt die schon 760 als Besitz des Klosters Wessobrunn erwähnte Ortschaft Reisbach. Durch die „Synode von Reisbach" im Jahre 799 hat sich der Ort seinen Platz in den bayerischen Geschichtsbüchern des Mittelalters gesichert. Bei dieser großen Kirchenversammlung sollten die kirchlichen Verhältnisse in Bayern neu geordnet werden, wobei es für Priester hauptsächlich um die Gottesdienstordnung und für die Ordensleute um die strikte Einhaltung ihrer Regeln und Gelübde ging.

Mitten am Marktplatz liegt die ehemalige Hofstelle und Brauerei Schlappinger Hof, ein stattlicher Landgasthof in gutbürgerlicher Tradition. Das Anwesen besteht aus zwei Einzelbauten. Der linke Gebäudeteil, Marktplatz 42, ist der ältere und reicht im Kern bis in das 15./16. Jahrhundert zurück. 1692 ist er als Landrichterhaus bezeugt. Der rechte entstand im Jahr 1693 als „Wischlburger-Niedermayer-Bräuanwesen". 1788 kaufte Franz Paul Schlappinger das Anwesen, das sich seitdem in Familienbesitz befindet und immer von den Besitzern selbst geführt wurde. Im Jahr 1879 wurden die beiden Häuser dann baulich zu einer Einheit verbunden und die Grundlage für das heutige Erscheinungsbild des Schlappinger Hofs geschaffen: Die

Die lange Front des Schlappinger-Hofes: ehemals zwei separate Häuser

zwei traufseitigen Gebäudeteile erstrecken sich links und rechts der von einem Giebel überragten ehemaligen Hofeinfahrt. Darüber gibt eine Aufschrift Auskunft über die Entstehungszeit und auch den letzten größeren Umbau 1983 durch die Familie Pross, wie die Besitzerfamilie mittlerweile heißt. Im Giebel prangt ihr schmuckvolles Wappen; die hellgelbe und mit Weiß abgesetzte Fassade gibt dem Anwesen ein einheitliches Bild.

Der Brauereibetrieb wurde Mitte des 20. Jahrhunderts eingestellt. An die Brauerei erinnern einige Relikte, die die Geschichte des Hauses als ehemalige Braustätte lebendig halten. Im Eingangsbereich ist ein alter Braukessel passend in Szene gesetzt. Die Balken der Decke wurden bei den großen Renovierungsarbeiten Anfang der 1980er Jahre, bei denen das Gebäude leider komplett entkernt wurde, einer alten Scheune entnommen und fanden hier neue Verwendung. Auf diese Weise blieb dem Gebäude trotz umfassender Umgestaltungsarbeiten ein historischer Charakter erhalten.

Auch in der Gaststube im rechten Gebäudeteil wird das Andenken an die Vergangenheit des Hauses gepflegt. Hier ruht im Zentrum behäbig der alte Meischebottich, um den herum die schlichten Tische, Bänke und Stühle angeordnet sind. Die helle Holzdecke liegt auf Balken aus demselben Holz auf, wird teilweise von geschnitzten Säulen gestützt und steht einem bayerischen Landgasthof in trefflicher Weise zu Gesicht. Darunter aufgereiht komplettieren viele Bierkrüge der ehemaligen Brauerei das Bild. Hier findet sich der Gast mitten im Geschehen zwischen Einheimischen, Geschäftsreisenden, Radfahrern und Urlaubern, die den Schlappinger Hof als Ausgangspunkt nutzen. Im kleineren „Oktoberfeststüberl" findet man ein ruhigeres Platzerl; dort können auch kleinere geschlossene Gesellschaften feiern.

Der älteste Raum des Gasthauses ist die Amtsstube im linken Gebäudeteil, in der früher einmal das Kastenamt Reisbach untergebracht war (ein Kastenamt war eine Art Finanzamt mit niederer Ge-

Der alte Meischebottich im Zentrum der Stube

Der älteste Raum: die Amtsstube

richtsbarkeit). Heute wird der stattliche Raum mit der von einer Granitsäule getragenen Gewölbedecke als Frühstückszimmer für die Hotelgäste genutzt und mittags und abends für Tagesgäste geöffnet. Ein nobles Gepräge verleihen ihm Kassettenvertäfelung und achtarmige Leuchter. Goldgerahmte Portraits an den Wänden zeigen Ahnen von Sebastian Pross, der 2014 den Familienbetrieb übernommen hat.

Dahinter bietet das Landhotel Schlappinger Hof einen weiteren imposanten Saal, der 400 Gäste aufnehmen kann und sich bei Bedarf in drei kleinere Säle teilen lässt. Auch hier wurden mächtige alte Holzbalken einer neuen Verwendung zugeführt.

Im ehemaligen Rossstall – erbaut 1862 von Therese Schlappinger – befindet sich heute ein einladender Barraum. Stattliche Granitsäulen tragen das Backsteingewölbe, in das unauffällige Glasfaserkabel mit kleinen Lämpchen eingezogen wurden. Abends verwandelt es sich so in ein einen romantischen Sternenhimmel, unter dem gelegentlich auch Candle-Light-Dinner angeboten werden.

Im Sommer bietet der Biergarten des Gasthauses einen lauschigen Freisitz mit schattigen Plätzen unter Kastanien. Für Kinder stehen Spielgeräte in Sichtweite der Eltern bereit.

So bietet der Schlappinger Hof für alle Bedürfnisse, ob nun als Zwischenhalt bei einer Radreise oder für einen mehrtägigen Besuch im nahen Bayernpark, ein lohnendes Ziel und wird von Familie Pross sicherlich noch lange Zeit in guter Familientradition geführt.

Schlappinger-Hof

Marktplatz 40/42
94419 Reisbach

Telefon: 08734-92110

verwaltung@schlappinger-hof.de
www.schlappinger-hof.de

Öffnungszeiten:
Winter- und Sommeröffnungszeiten differieren
(siehe Webseite)

Gasthaus und Metzgerei Hermann Reger in Falkenberg

Im westlichen Landkreis Rottal-Inn liegt die Gemeinde Falkenberg. Bis ins Jahr 1011 reicht ihre Geschichte zurück, als sie in einem Schenkungsbrief von Heinrich II. an die Diözese Bamberg erstmals urkundlich erwähnt wurde. Vom Beginn des 15. Jahrhunderts bis 1821 sind die Grafen des altbayerischen Adelsgeschlechts der Tattenbach als bedeutende Hofmarksherren der Gemeinde Falkenberg bekannt – zwischen 1821 und 1848 unterstand die ehemalige Hofmark der Gerichtsbarkeit (dem sog. Patrimonialgericht) der Grafen von Arco. Beide Adelshäuser sind auch im Gemeindewappen vertreten: Es zeigt ein goldenes Schildhaupt mit blauem Bogen, das Familienwappen der Arco, und darunter auf Rot einen flugbereiten silbernen Falken – der Vogel verweist auf den Ortsnamen, die Farben Rot und Silber auf das Wappen der Grafen von Tattenbach.

Der vorgebaute Wintergarten

Im Gemeindeteil Taufkirchen liegt der seit nunmehr 115 Jahren existierende Familienbetrieb Gasthaus und Metzgerei Reger. Die Fassade des 1892 erbauten zweigeschossigen Satteldachbaus mit seinem Halbgeschoss und dem Zwerchhaus wird durch eine beige Lisenengliederung und dem Besitzernamen in derselben Farbe optisch ergänzt. Eine Besonderheit bildet die mit filigranen Schnitzereien verzierte schwere Holzeingangstür mit Jahreszahl, da sie das älteste erhaltene Bauteil im Inneren des Gebäudes ist.

Unglücklicherweise starb der Erbauer des Wirtshauses wenige Jahre nach dem Bau und hinterließ die Witwe Maria Hofstetter und drei Kinder. Die Hofstetterin ging bald darauf mit Franz Xaver Heuwieser den Bund der Ehe ein. Die Eheleute verkauften die Gastwirtschaft an den jüngeren Bruder des Mannes und Großvater des heutigen Besitzers, Ludwig Heuwieser, und bewirtschafteten nur noch die dazugehörige Landwirtschaft. Die jüngste aus seiner Ehe mit Johanna Dietmannsberger hervorgegangene Tochter Johanna heiratete den Metzgermeister Matthäus Reger, womit das Gasthaus um die Metzgerei erweitert wurde. Reger war es auch, der mit Faschingsbällen und Veranstaltungen die Gastwirtschaft zu einem festen Bestandteil des Gemeindelebens machte. Seit 1983 werden Wirtshaus und Metzgerei nun von Hermann und Brigitte Reger geführt, unterstützt von ihren drei Töchtern und den beiden Schwestern des Wirts. Die Tochter Johanna wird das Gasthaus dereinst in vierter Generation weiterführen.

Seit der Übernahme durch das jetzige Wirtsehepaar wurden auch einige Instandsetzungen am und im Haus durchgeführt. Man betritt das imposante Gebäude auf einer kleinen Anhöhe im Ortszentrum durch einen hellen, geräumigen Wintergarten, der dem Bau 1986 hinzugefügt wurde und nahezu die gesamte Front des Hauses einnimmt. Sobald der Gast durch die originale Haustür tritt, fällt sein Blick rechter Hand in den Verkaufsraum der Metzgerei, nach links geht es in den 1999 renovierten Gastraum. Er ist mit einem gemütlichen Holzboden ausgestattet, bietet bis zu 60 Gästen Platz und kann durch das Öffnen der hölzernen Zwischentür um 20 Plätze erweitert werden. Die helle Holzeinrichtung verleiht beiden Räumen ein freundliches Ambiente. Besonders beliebt bei Geburtstagen oder kleineren Veranstaltungen ist der 2009 renovierte Nebenraum mit Platz für 50 Gäste, der durch die Wandgestaltung mit Holzkreuz und Pokalvitrine den gutbürgerlichen Charme des Hauses spiegelt. Ebenfalls 1999 wurde der bereits 1990 vergrößerte Festsaal im ersten Obergeschoss renoviert und kann nun bis zu 200 Gäste aufnehmen, ohne Tanzfläche sogar 250. Die Wandgestaltung mit liebevol-

Die Tür ist das älteste erhaltene Bauteil

len Sprüchen verleiht dem lichtdurchfluteten Saal eine entspannte Atmosphäre und zeigt das hingebungsvolle Bemühen der Wirtsleute um ihr Haus. Einmal im Jahr wandelt sich dieser Raum in einen Theatersaal mit großräumiger Bühne und detailverliebt gestalteten Kulissen, auf der der ortsansässige Theaterverein sich dem Publikum präsentiert. Heute wie damals ist das Vereinslokal Gasthaus Reger elementarer Bestandteil des gesellschaftlichen Lebens in der Gemeinde Falkenberg und ihrem Umkreis. So nutzen nahezu alle örtlichen Vereine – sei es der Sportverein, der Frauenbund oder die Feuerwehr – die einladende Gaststube für Versammlungen, treffen sich abends zum Stammtisch bei einem kühlen Aldersbacher Bier oder an Wochenenden zum Frühschoppen. Diese ungezwungene und familiäre Atmosphäre ist auch dem aufgeschlossenen Wesen der Wirtsleute zu verdanken, die immer eine interessante oder lustige Anekdote aus dem Wirtsleben oder der Familiengeschichte zum Besten zu geben wissen. So kann man der Erzählung Hermann Regers lauschen, der von seinem unschuldig verurteilten Vorfahren berichtet: Diesem wurde aufgrund eines unglücklichen Zufalls ein Mord angelastet, dessentwegen er im Gefängnis sitzen musste. Erst auf dem Sterbebett gestand der wahre Verbrecher die Tat und der zu Unrecht Bestrafte kam frei.

Auch steht Familie Reger in guter alter Wirtstradition ihren Stammgästen bei allen Belangen mit Rat und Tat zur Seite. Hier hilft man sich gegenseitig und das Gemeindeleben wird gemeinschaftlich gestaltet.

Kredenzt wird im Gasthaus Reger in erster Linie gutbürgerliche bayerische Küche mit Fleisch und Wurst aus der eigenen Metzgerei und Gemüse aus der Region. In den Sommermonaten findet das mittlerweile traditionelle und abwechslungsreiche Salatbuffet jeden Mittwoch großen Zulauf. In der Fastenzeit ergänzt eine umfangreiche Fischkarte das Speiseangebot; saisonale Gerichte wie Wild oder Spargel runden die Karte auf treffende Weise ab.

Bis heute ist das Gasthaus Reger mit seiner über 100-jährigen Familientradition und seinem warmherzigen Flair also gesellschaftlicher Mittelpunkt des Dorflebens. Man kann zuversichtlich sein, dass auch in Zukunft Gäste aus Nah und Fern daran teilhaben und das herzliche Ambiente in diesem historischen Gebäude genießen können.

Reger Hermann Gasthaus und Metzgerei

Ringstraße 1
84326 Falkenberg

Telefon: 08727-440

info@reger-taufkirchen.de
www.reger-taufkirchen.de

Öffnungszeiten:
täglich geöffnet
Ruhetag: Montag
geschlossen:
Dienstag ab 12:30 Uhr
Donnerstag ab 18:00 Uhr

Der Kupferkessel in Tann

Im Landkreis Rottal-Inn liegt in einem Dreieck zwischen Eggenfelden, Pfarrkirchen und der Mündung der Salzach in den Inn, die zugleich die Grenze zu Österreich markiert, der Markt Tann. Als hier 1300 die ersten Woll- und Leinenwebereien gebaut wurden, ahnte niemand, dass dieser kleine Ort mit seinen Produkten weit über die Landesgrenzen hinaus berühmt werden würde. Wichtigstes Handelsgut war vor allem das Tanner Segeltuch; der Ruhm endete jedoch im 19. Jahrhundert. Die Ortschaft hatte ständig wechselnde adelige Besitzer, bis sie schließlich 1379 vom Herzogtum Bayern gekauft und zehn Jahre später zum Markt erhoben wurde. Bis heute hat sich Tann mittelalterliche Traditionen bewahrt und so gibt es immer noch einige Märkte, die seit dieser Zeit abgehalten werden. Die zwei wichtigsten sind der Martinimarkt, der 1989 seine 600-Jahr-Feier beging, und – als der wohl bekanntere – der Wachsmarkt.

In der Nähe zum Marktplatz steht der Gasthof Weideneder oder Zum Kupferkessel. Bevor aus dem Gebäude eine Gastwirtschaft wurde, beherbergte es seit den 1880er Jahren die Brauerei Weideneder. Schon damals gab es eine kleine Gaststube, heute der Nebenraum des Kupferkessels, in der

die Arbeiter Brotzeit machten und natürlich ihren Haustrunk konsumierten. Die heutige Gaststube wurde einst als Auslagerungshalle zum Beladen der Lkw genutzt. Schließlich erfolgte der Umbau, auf den der aktuelle Zustand der Wirtschaft zurückgeht. Nachdem etwa 15 Jahre lang ein Italiener die Pacht innegehabt hatte, leitet seit dem 1. Juli 2009 das Ehepaar Mayr den Kupferkessel. Seit rund 25 Jahren übt der gebürtige Österreicher Günter Mayr seinen Beruf als Koch aus und hat immer noch Spaß daran. Schon seit langem planten er und seine Frau, eine gelernte Hotelfachfrau, sich selbstständig zu machen. Mit dem Kupferkessel hat sich ihr Wunsch erfüllt. So nimmt es nicht wunder, dass sowohl bayerische als auch österreichische Speisen auf der Karte stehen.

Woher stammt nun der Name Zum Kupferkessel? In der Mitte der offenen quadratischen Gaststube hängt als Relikt der Brauerei der Deckel eines großen Kupferkessels. Der Raum selbst ist hoch, gefliest und auf Grund einer langen Fensterfront sehr hell. Das Interieur besteht aus mittelbraunem Holz, das sich an den Trägerbalken der Decke, den Wänden, der Theke und den Möbeln wiederfindet. Noch weitere Gegenstände aus dem einstigen Brauereibetrieb sind zu entdecken, die als Dekorationselemente zu neuem Einsatz kommen. An der hinteren Wand, neben der Theke, sind zwei Rundbögen eingehauen, deren Mitte von einer Granitsäule markiert wird. Der rechte der bei-

In der Mitte des Gastraums thront das Wahrzeichen: der Kupferkessel

Rechts das Läuterbecken

den ist rot hinterlegt und bildet den Rahmen für einen alten gefliesten Brunnen, an dem die Menschen früher ihre Maßkrüge ausgeschwenkt haben. Und direkt daneben hängt ein weiteres Schmuckstück: ein Läuterbecken, das in die Mauer eingelassen ist. Durch die vielen Hähne musste das Bier laufen, bis es aus einem klar herausfloss, als Zeichen, dass es nun zur Abfüllung fertig war.

Die Kombination des auf Hochglanz polierten Kupferkessels mit dem warmen Holz, dem vielen Licht und der liebevollen Dekoration verleiht dem Raum ein edles und zugleich gemütliches Ambiente.

Zusätzlich gibt es eine weitere Stube, die von den vielen Stammtischlern am liebsten genutzt wird und Platz für 60 Personen bietet. Hier ist die Decke lattenartig verkleidet, die Wand ist halbhoch vertäfelt. Die Möbel bestehen aus fast schwarzem Holz und sind schon 150 Jahre alt. Eine eben-

so dunkle Tür mit vielen Schnitzereien, die Günter Mayr auf dem Dachboden gefunden hat, ziert eine Wand und verdeckt einen früheren Küchenzugang.

Neben der Möglichkeit, Räume oder sogar die ganze Wirtsstube für Feierlichkeiten zu mieten, veranstaltet Günter Mayr auch eigene Festivitäten. Entsprechend dem Kalender gibt es im März ein Starkbierfest oder im Herbst ein Oktoberfest, und zweimal im Jahr wird ein Schafkopfturnier ausgetragen.

Wer nun Interesse bekommen hat, sollte dem alten Kupferkessel einen Besuch abstatten, denn die besondere Mischung aus regionaler sowie österreichischer Küche und bayerischer Wirtshaustradition, gepaart mit einer einzigartigen Innenausstattung, machen den Gasthof Weideneder zu einem idealen Anlaufpunkt.

Zum Kupferkessel

Eichhornsecker Str. 1
84367 Tann

Telefon: 08572-9672422

zum-kupferkessel@t-online.de
www.kupferkessel-tann.npage.de

Öffnungszeiten:
Montag und Mittwoch–Samstag
10:00–14:00 Uhr und
17:00–24:00 Uhr
Sonntag 9:00–24:00 Uhr
Dienstag Ruhetag

Das Schlossberghaus Reichenberg in Pfarrkirchen

Auf einer Bergkuppe oberhalb des Rottals steht das Schlossberghaus Reichenberg; es erinnert an die einstige Burg Reichenberg, die um 800 erstmals erwähnt wurde. 1259 ging sie an den Wittelsbacher Herzog Heinrich XIII. von Bayern, womit die Verdrängung der einst mächtigen Grafen von Ortenburg durch die Wittelsbacher im niederbayerischen Raum voranschritt. Ab 1279 sind herzogliche Richter in Reichenberg nachzuweisen, ab 1380 war die Feste Sitz eines herzoglichen Pfleggerichts. Kurz vor dem Ende des Dreißigjährigen Krieges brannte das Schloss 1648 bei einem Einfall der Schweden fast gänzlich nieder, nur das Herrenhaus blieb verschont. Im Jahr 1803 wurde der Gerichtssitz nach Pfarrkirchen verlegt und im Jahr darauf begann der Abbruch der übrigen Burganlage – aus ihren Trümmern entstand im frühen 19. Jahrhundert auch das Schlossberghaus.

Der zweigeschossige Walmdachbau ist größtenteils bauzeitlich erhalten; schon 1910 wurde ein Wintergarten an der Hangseite angebaut. Seit 1977 wird die kleine Wirtsstube vom Ehepaar Edelmann betrieben, nachdem bereits 1961 die Gaststätte von Peter Edelmanns Mutter erworben und bewirtschaftet worden war. Mit der Köchin aus Marienbad

Der unverbaute Ausblick über das Rottal vom Biergarten aus

kam auch die deftige böhmische Küche nach Reichenberg, die Margarete Edelmann noch heute traditionsbewusst in den althergebrachten großen Portionen auskocht. Abwechslung schafft sie mit ihren jahreszeitlichen Gerichten, wie Bärlauch (aus eigenem Anbau) und Spargel im Frühjahr, Grillgerichten im Sommer und deftigen Wild- und Entenbraten im Herbst und Winter. Dass sie dabei großen Wert auf Produkte aus der Region legt – ihre Schwiegermutter hielt zu ihrer Zeit sogar die Enten selbst –, versteht sich von selbst.

Besonders reizvoll ist der große, schattige Biergarten, um den das Gasthaus 1977 erweitert wurde. Unter den mächtigen Kastanienbäumen, gesäumt von knorrigen Weiden, finden bis zu 200 Gäste Platz. Von hier aus können sie den weiten, unverstellten Ausblick über Pfarrkirchen und das Rottal genießen; bei Föhn sind sogar Watzmann und Dachstein am Horizont zu sehen. 1980 wäre dem Idyll beinahe ein Ende gesetzt worden, als der Berghang Baugebiet werden sollte. Dagegen setzten sich die Wirtsleute jedoch erfolgreich zur Wehr, und heute steht das Gebiet unter Landschaftsschutz. Neben dieser ruhigen und naturbelassenen Umgebung sorgen Spielgeräte im hinteren Teil des Biergartens dafür, dass der Wirtshausbesuch auch für Kinder zu einem kurzweiligen Erlebnis wird.

Im Gegensatz zum Biergarten kann die Gaststube nur etwa 50 Gäste aufnehmen, was bei großem Ansturm gezwungenermaßen zu „Schichtbetrieb" führt.

Der lockere, familiäre Charakter der Wirtschaft und ihrer Wirtsleute offenbart sich schon beim Betreten des Hauses. Im niedrigen Flur zeigen alte Bilder und Fotografien das ehemalige

Gusseisernes Ofentürl

Schloss und das Schlossberghaus in früheren Zeiten. In einer Vitrine liegen kleinere Fundstücke – vermutlich aus dem einstigen Schloss –, die Familie Edelmann immer wieder auf ihrem Grundstück zu Tage fördert.

Die Gaststube wird von dunklem Holz bestimmt. Die mächtigen Balken der niedrigen Decke, die halbhohe Wandvertäfelung und die dunklen Holztische und -stühle schaffen eine behagliche Atmosphäre, wozu der bauzeitliche Kachelofen ein Übriges tut. Auch die vielen anderen Details der Einrichtung verweisen auf die Geschichte des Hauses und unterstreichen seinen „rustikal-ritterlichen" Eindruck. So erinnert die Figur des hl. Florian in einer Ecke der Stube an das zerstörerische Feuer im Jahr 1648 und soll zugleich das Schlossberghaus vor solchen Katastrophen bewahren. Ein besonderes Schmuckstück ist die massive Holztür zur Gaststube, die auf der Innenseite mit einer aufwändigen und farbenprächtigen Bauernmalerei verziert ist.

Besonders geeignet für kleinere „Redouten", wie man früher geschlossene Gesellschaften nannte, ist der lichtdurchflutete Wintergarten, von dem aus es freie Sicht über das Rottal gibt.

Die bodenständige Gastlichkeit des Ehepaars Edelmann mit seinem freundlichen Team und das historische Ambiente des Schlossberghauses Reichenberg lassen sich zu jeder Jahreszeit, drinnen und draußen, genießen.

Schlossberghaus Reichenberg

Herzog-Heinrich-Straße 5
84347 Pfarrkirchen

Telefon: 08561-6716

schlossberghaus-reichenberg
@t-online.de
www.schlossberghaus-
reichenberg.de

Öffnungszeiten:
Mo., Di., Do., Sa., So.
11:00–23:00 Uhr
Freitag 18:00–23:00 Uhr
Ruhetag: Mittwoch

Die Historische Gaststätte Unterm Rain in Straubing

Straubing, die stolze Stadt an der Donau, hat dem Besucher vieles zu bieten: eine lange Geschichte mitsamt Römerschatz im Gäubodenmuseum, einen historischen Stadtkern zum Flanieren, die Agnes-Bernauer-Festspiele oder das internationale Musikfestival Bluval, um nur einige Anreize zu nennen. Besonders das Gäubodenfest – nach der Münchner Wies'n das zweitgrößte Volksfest in Bayern – führt Jahr für Jahr Hunderttausende in die Gäubodenmetropole.

Die Front des „GUR", links der Biergarten mit den alten Kastanien

Links die Gaststube und rechts unten der jüngste Raum

Knapp oberhalb des Hagens, wie der große Park- und Festplatz am nördlichen Rand der Altstadt heißt, steht die Historische Gaststätte Unterm Rain – in der Stadt als GUR bekannt. Der Name Unterm Rain ist Programm, denn Rain ist eine alte Bezeichnung für die Stadtmauer, und diese ragt hoch auf hinter dem zweigeschossigen Mansarddachhaus, das direkt an den Hang gebaut wurde. 1776 wird das Wirtshaus erstmals erwähnt, damals das einzige vor den Toren der Stadt. Damit war es auch die einzige Wirtschaft für die Gerber, die ein zwar wichtiges, aber übelriechendes Handwerk verrichteten, das sie – wie in allen alten Städten – in die Nähe des Wassers und an den Rand der Stadt verbannte. Straßennamen wie Weißgerbergasse weisen noch heute auf das ehemalige Gerberviertel vor den Pforten Straubings hin. Doch nicht nur die Gerber konnten im GUR auf eine Mahlzeit und zum kurzweiligen Zeitvertreib einkehren, sondern auch Reisende, die zu spät ankamen und deshalb nicht mehr in die Stadt konnten, da die Tore abends um 10 Uhr geschlossen wurden. Dafür gab es damals kärgliche Fremdenzimmer im zweiten Obergeschoss, in denen man für wenig Geld eine Pritsche mit Decke für die Nacht mieten konnte. Schilderungen Reisender aus früheren Zeiten sind voll von Schreckensgeschichten über die allgemeinen Zustände in solchen Absteigen!

Heute gibt es keine Fremdenzimmer mehr im GUR, und auch die Kundschaft hat sich verändert. Die Gaststube jedoch und besonders die schmucke Front mit der Fassadengliederung des ausgehenden 19. Jahrhunderts bewahren den historischen Flair des Anwesens und bereichern das ehemalige Gerberviertel mit seinen allesamt sehenswerten Gebäuden. Als Gäste trifft man häufig Straubinger an, die die mit viel Erfahrung zubereiteten großen Portionen im „Schnitzelparadies" GUR zu schätzen wissen. Die Nähe zum Festplatz Am Hagen, auf dem auch das große Musikfestival Bluetone stattfindet, führt viele Festivalbesucher in die Gaststätte Unterm Rain. Hier kann man sich vor dem Besuch des Festes noch zu angenehmen Preisen stärken und sich auf die bevorstehende Unternehmung einstimmen.

Herzstück der Gaststube ist der große gemauerte Ofen in der Mitte, der früher mit Holz, heute mit Gas beheizt wird und dem Raum gemütliche Behaglichkeit verleiht. Die dunkle Holzdecke, die Wandvertäfelung und der ausgetretene Dielenboden unterstützen diese Wirkung. Unverzichtbar ist die umlaufende Sitzbank. Mit den großen massiven Tischen lädt sie den Besucher ein, sich in geselliger Runde mit einem der berühmten GUR-Schnitzel oder einer anderen deftigen Mahlzeit aus der im Dialekt geschriebenen Speisekarte zu stärken.

Erfrischung gefällig? Ein kühles Weißbier im schattigen Biergarten

Über dem Gastraum gibt es ein kleines Nebenzimmer, das sich für kleinere Gesellschaften bis 40 Personen eignet. Früher lag hier oben die Wohnung des Wirts. Anfang der 2000er Jahre wurde dieser helle, freundliche Raum geschaffen, in dem man abseits vom Getriebe des Gastraums in privater Atmosphäre zusammenkommen kann.

Einzigartig in Straubing ist der Biergarten. Er erstreckt sich über drei Ebenen und hat für die unterschiedlichsten Ansprüche etwas zu bieten:

Der mittlere Biergarten bietet, von Mauern geschützt, einen sonnigen, intimen Platz im Freien, der sich besonders für Gruppen oder geschlossenen Gesellschaften eignet.

Im unteren Biergarten, im Schatten der mächtigen Kastanien, sind heiße Hochsommernachmittage und laue Abende am besten zu genießen. Direkt an der langen Schanktheke im Freien, von der Straße durch einen schmiedeeisernen, mit wildem Wein bewachsenen Zaun abgeschieden, bleibt man gern länger sitzen und vergisst unter Umständen schnell die Zeit. Mit etwas Glück sind auch die Schwalben zu beobachten, die in jedem Sommer unter dem Dach des Ausschanks ihre Brut aufziehen. Ab und zu wird auch zünftige Wirtshausmusik aufgespielt – Musikanten sind immer willkommen!

Der oberste Biergarten liegt direkt unter der Stadtmauer und ab Mittag in der Sonne. Von hier führt auch ein Gang durch die Mauer in die Stadt – wer ihn wohl einst benutzt hat? Ein besonderer Geheimtipp: Bei Musik im untersten Biergarten schafft die Akustik im obersten ein ganz eigenes Flair!

Gaststätte Unterm Rain

Unterm Rain 15
94315 Straubing

Telefon: 09421/22772

info@g-u-r.de
www.g-u-r.de

Öffnungszeiten:
Montag–Samstag
17:00–00:00 Uhr
Sonntag
11:00–00:00 Uhr

Gasthof zum Geiss in Straubing

Im Herzen Straubings, direkt am Marktplatz, am Theresienplatz 49, steht die Gaststätte zum Geiss. Das kleine zweigeschossige Haus mit seinem Steildach, den Treppengiebeln und der Aufzugsluke wirkt fast unscheinbar zwischen all den anderen imposanten Gebäuden. Doch wie so oft im Leben offenbaren sich die wahre Größe und der echte Charakter des Hauses erst im Inneren. In den Büchern der Stadt Straubing finden wir das Gebäude zum ersten Mal im Jahr 1462 erwähnt. Gesichert ist, dass es hier ab 1620 eine Brauerei gab. Mitte des 19. Jahrhunderts litt sie unter dem seinerzeitigen Brauereisterben. Durch ungezählte Pächterwechsel änderte sich mehrmals der Name des Hauses, das dann auch als Wirtshaus geführt wurde. Erst nachdem es 1871 der Hutmacher Josef Geiß übernommen hatte, setzte sich der heutige Name durch, und so entstand das Wirtshaus zum Geiss. Im April 1945 zerstörte eine amerikanische Fliegerbombe eine Hälfte des Hauses und so ist es quasi „halbiert" stehen geblieben.

1996 musste es aufgrund seiner Baufälligkeit geschlossen werden; die 2001 erfolgte Sanierung bewahrte ein wichtiges spätmittelalterliches Bauwerk in seinem ursprünglichen Aussehen. Im Februar 2010 übernahm Michaela Stöberl als Pächterin die Geiss. Die gelernte Fotografin leitete vorher schon mit ihrem jetzigen Chefkoch Fierro Salvatore die

Rechts oben „de Griabingen"; links die „Schmidl-Stube"

„Villa" in Straubing, ein Haus mit Restaurant und Hotel. Verständlich, dass das langjährig gut eingespielte Team auch in der Geiss wieder erfolgreich ist.

In der ganzen Wirtschaft wird bayerische Tradition gelebt – so heißen die Stuben im Erdgeschoss etwa „de Griabingen", welche für 60 Personen Platz bietet, oder der „Gschaftler", mit Platz für 30 Personen. Der linker Hand des Eingangs gelegene Raum „de Griabingen" besticht mit seiner Holzausstattung: Decke, Boden, Theke.

Im Sommer lädt der gemütliche, an zwei Seiten überdachte und nicht einsehbare Biergarten ein. Die Speisekarte offenbart Geiss-typische Umschreibungen für die angebotenen Speisen, wie etwa „Geisserl-Express" (Tagesgericht) und „Geisserl-Trio" (dreierlei Aufstrich mit Brot). Zudem informieren kleine Tafeln an den Wänden über kleine, den Jahreszeiten angepasste Besonderheiten, wie „McFitti", eine Hugo-Variante mit Birnensirup.

Im ersten Stock gibt es die „Bussi-Bussi-Bar" und die „Schmidl-Stube", die 35 Personen Platz bietet. Die „Bussi-Bussi-Bar" stand früher jedes Wochenende Partygästen zur Verfügung. Mittlerweile wird sie nur noch als zusätzlicher Partyraum zur „Schmidl-Stube" genutzt und an jedem ersten Freitag im Monat, wenn die hauseigene „Goass House Band" – mit wechselnden Sängern – Konzerte gibt.

Ein Höhepunkt des Jahres ist natürlich die Zeit des Gäubodenfestes. Dann wird die komplette Bestuhlung aus der Gaststätte entfernt und die Geiss verwandelt sich für die feierwütigen Volksfestbesucher in eine riesige Diskothek. Wei-

Liebevoll dekorierte Gaststube

tere Veranstaltungen der Geiss sind beispielsweise der zweimal im Jahr stattfindende Historische Wirtshausmord der Theatergruppe „Zeitgespür" und die Whisky-Verkostung, das „Whisky-Tasting" im November.

Michaela Stöberl ist fast jeden Tag in der Gaststätte anzutreffen, da ihr der persönliche Kontakt zu ihren Gästen am Herzen liegt. Sie nimmt sich für jeden Zeit und ist immer für einen kleinen Plausch zu haben. Dies merkt man auch, wenn sie vom „Reserl", ihrem Lieblingsplatz, erzählt. Eigentlich ist das ihr Büro, das sich allerdings in einem Zwischengang befindet, sodass sie das ganze Geschehen im Auge behält und die ankommenden Gäste bemerkt, mit andern Worten: immer präsent ist.

Ein weiterer Grund für den guten Zustand der Geiss ist die Tatsache, dass hinter dem Ganzen starke Eigentümer stehen, die sich sehr engagiert für die Instandhaltung einsetzen. Anders wäre eine erfolgreiche Wirtshausführung nicht machbar. Somit kann die Gaststätte am Theresienplatz 49 weiterhin mit ihrem besonderen Charme und einer liebenswürdigen Wirtin glänzen.

Wirtshaus Zum Geiss

Theresienplatz 49
94315 Straubing

Telefon: 09421-300937

info@zumgeiss-straubing.de
www.zumgeiss-straubing.de

Öffnungszeiten:
Dienstag–Freitag
11:00–14:30 Uhr
Montag–Freitag
17:00–24:00 Uhr
Samstag–Sonntag
11:00–24:00 Uhr

Schlossgasthof Steinach in Steinach

Nördlich des Gäubodens, am Fuße des Bayerischen Waldes, liegt die Gemeinde Steinach. Erstmals wurde der Ort urkundlich bereits im Jahr 934 im Kartular (Buch mit Abschriften mittelalterlicher Urkunden) des Klosters Ebersberg als Steina erwähnt, was so viel wie steiniges Wasser oder Fluss bedeutet. Seit 1492 ist die Schreibweise Steinach bezeugt.

Das Alte Schloss Steinach ist schon von der Autobahn A3 aus zu sehen. Die einstige Herrin Steinachs, Anna von der Wart, ließ das Herrenhaus 1549 aus den Trümmern eines Vorgängerbaus errichten. Zu Beginn des 20. Jahrhunderts wurde das Gebäude teilweise umgebaut und erweitert. In den 1980er Jahren beherbergte das Anwesen dann für kurze Zeit ein Jagd- und Schlosshotel, im Anschluss wurde es für einige Jahre als Reha-Klinik genutzt.

Auch ein neues Schloss gab es einmal in Steinach. In den ersten Jahren des 20. Jahrhunderts wurde es von Dr. August von Schmieder errichtet und galt als das feudalste Luxusschloss in Niederbayern. Es gelangte 1939 jedoch in den Besitz des Unternehmens Reichsautobahnen und war eine Zeit lang auch Unterkunft für Teile der NSDAP-Reichsleitung. Kurz vor dem Ende des

Blick in den Schlosshof

Zweiten Weltkrieges wurde es von der SS angezündet, um geheimes Aktenmaterial zu beseitigen, und so ist heute nur noch ein kleiner Rest davon erhalten.

Hingegen wurde das Alte Schloss von der neuen Besitzerfamilie Lindinger aufwändig saniert. In den vorgelagerten Gebäudeteilen liegen heute Mietwohnungen, das südliche Nebengebäude beherbergt den Schlossgasthof. Über den weitläufigen Hof nähert man sich dem ehemaligen Ross- und Ochsenstall, der in ein Restaurant mit erlebenswerten Flair umgestaltet wurde, betrieben vom Ehepaar Kienberger. Die Räumlichkeiten mit zwei Gasträumen und einem kleinen Saal in dem eingeschossigen Bau sind allesamt von Säulen gegliedert, die das Gewölbe tragen. Die beachtliche Einrichtung der Räume stammt von den Schlossbesitzern selbst und spiegelt deren Leidenschaft für Antiquitäten und Pferde wider. Das Thema Pferde beherrscht vor allem das Rosserer-Gewölbe rechts des Eingangs mit seiner edlen Kassettenvertäfelung und dem prächtigen braunen Kachelofen.

Auch die Ausstattung des zweiten Gastraums, des Antik-Cafés, stammt aus den Händen Frau Lindingers. Die Vitrinen in einer Nische des Raumes lassen das Herz jedes Sammlers höher schlagen; sie präsentieren alte Puppen, kleine Kaufläden, Blechspielzeug und Stofftiere. „Jetzt bin ich schon

Antik-Café mit der Einrichtung aus den Händen der Eigentümerin Frau Lindinger

Steinerne Satue im Innenhof

acht Jahre hier und finde immer noch was Neues!", staunt Wirt Ludwig Kienberger über die vielfältige Ausstattung seines Lokals.

Der prunkvolle „Herrscher-Saal" kann bis zu 120 Gäste aufnehmen Die zehnarmigen Leuchter, die schweren Vorhänge und die gemalten Portraits an den Wänden verleihen jedem Fest ein fürstliches Ambiente.

Für das leibliche Wohl wird seit 2006 von Heidi und Ludwig Kienberger gesorgt, die vom Ehepaar Lindinger persönlich angesprochen wurden. Sie wollten jemanden, „der auf die Sach' aufpasst", und so nahmen sich Kienbergers der Aufgabe an. Entsprechend den Räumlichkeiten legt Ludwig Kienberger auch bei den Speisen Wert darauf, mit hochwertigen Produkten eine feine und dennoch deftige Küche anzubieten. So ist auch stets Platz für ein Menüangebot in der Speisekarte. Dabei ist es dem Koch wichtig, seine Gäste auch mit kleinen Brotzei-

Die mit Bedacht ausgewählte Einrichtung des Rosserer-Gewölbes; rechts unten der filigran gearbeitete goldene Ausleger

ten wie hausgemachter Leberwurst und Sulzen zu bewirten. In den Sommermonaten wird donnerstags im Schlosshof gegrillt und freitags lädt das Candle-Light-Dinner zum romantischen Essen zu zweit. So verbindet der Schlossgasthof Steinach nicht nur Stimmungen vergangener Zeiten in historischen Mauern, sondern auch eine ausgewählte Küche mit gemütlicher Gastlichkeit.

Schlossgasthof Steinach

August-Schmieder-Str. 21
94377 Steinach

Telefon: 09428-948080

info@kienbergers.de
www.schlossgasthof-steinach.de

Öffnungszeiten:
Mittwoch–Freitag
ab 16:00 Uhr
Samstag
11:30–14:00 Uhr
18:00–23:00 Uhr
Sonntag 11:30–21:00 Uhr

Landgasthof Buchner in Welchenberg bei Niederwinkling

Die Gemeinde Niederwinkling liegt auf einer Randterrasse des Donautales im Landkreis Straubing-Bogen. Im Zuge der Gemeindegebietsreform wurde der Ort Welchenberg am 1. Januar 1978 der Gemeinde eingegliedert. Welchenberg war ein Adelssitz und die Reste des einstigen Schlosses sind noch auf dem Schlossberg zu entdecken. Als die letzte adelige Inhaberin, Katharina von Pürching, 1658 starb, ging ihr Besitz an das Benediktinerkloster Oberaltaich, das ein Priorat und eine Hoftaverne mit eigener Brauerei errichten ließ. Zwar wurde die Bierproduktion 1914 eingestellt, aber den zweiflügeligen Massivbau mit Satteldach, in dem heute der Landgasthof Buchner zu finden ist, gibt es noch. Zum Anwesen

gehören außerdem eine Landwirtschaft, sechs Fremdenzimmer sowie ein Jagd- und Fischgebiet. Im Besitz der Familie Buchner, heute Achatz, befindet sich der Gasthof seit 1882.

Schon immer war das Konzept für eine niederbayerische Dorfwirtschaft untypisch, denn es war der erste Gasthof, der seinen Schwerpunkt nicht auf den Bier-, sondern auf den Weinausschank legte. Dieser ungewöhnliche, nichtsdestoweniger erfolgreiche Ansatz wird von

den beiden Söhnen von Josef und Ingrid Achatz, die die Gastwirtschaft seit 1982 betrieben, weiter ausgebaut: So gibt es neuerdings eine moderne Vinothek in der einstigen Malztenne, wo erlesene Weine von Winzern, mit denen die Familie teilweise schon seit über 25 Jahren zusammenarbeitet, verkostet und gekauft werden können.

Die Gaststuben liegen rechterhand des gewölbten Eingangsbereichs und erwarten ihre Gäste mit einer gelungenen Mischung aus rustikalem Charakter und stilvoll damit kombinierter Moderne. Die aus viel hellem Holz bestehende Einrichtung der Hauptstube strahlt Gemütlichkeit aus. Unter anderem hängt dort ein Foto des Siegerbullen Lothar – sozusagen der „Gmoa-Stier vo Welchaberg" – aus der Zeit, als die Landwirtschaft noch selbst betrieben wurde. Den andere Teil der Stube überspannt ein historisches Kreuzgratgewölbe. Von hier aus gelangt man in das moderner ausgestattete Mauritiusstüberl, dessen Decke durch große Sichtbalken gegliedert ist. Ein besonderes Glanzstück ist der reich verzierte Kachelofen; mit kunstvoll gemalten Bildern des Schlosses Welchenberg, Herrscherporträts und dem Buchner-Wappen verdeutlicht er die Geschichte des alten Hauses.

Der Landgasthof verfügt zudem über die „Von-Pürching-Stube" mit Platz für 20 Personen und über einen Festsaal, der bis zu 80 Personen fassen kann. Im Sommer gibt es auf der gegenüberliegenden Straßenseite einen Freisitz für bis zu 60 Personen.

Nicht nur durch die Vorliebe für den Wein unterscheidet sich das Familienunternehmen von anderen Gasthäusern, sondern auch durch die Speisenauswahl. Mathias Achatz beschreibt seine Gerichte selbst als „Bayerische Küche, neu interpretiert" – also Tradition mit internationalem Touch. Beide Brüder haben in mehreren Sterne-Gastronomiebetrieben gelernt und gearbeitet und wissen daher um die Bedeutung hochwertiger Produkte. Das einfache Konzept: Gutes Essen mit einer guten Flasche Wein. Dass das aufgeht, merkt man nicht nur an den gerne wiederkehrenden Gästen, sondern auch daran, dass sich inzwischen der geplante Bau eines eigenen Hotels im nahe gelegenen Niederwinkling lohnt.

Landgasthof Buchner

Freymannstraße 15
94559 Niederwinkling-Welchenberg

Telefon: 09962/730

info@buchner-welchenberg.de
www.buchner-welchenberg.de

Öffnungszeiten:
Mittwoch–Sonntag
11:30–14:00 Uhr
18:00–22:00 Uhr

Schlosswirtschaft in Moos

Im Landkreis Deggendorf liegt vier Kilometer südlich der Einmündung der Isar in die Donau, zwischen Plattling und Osterhofen, die Gemeinde Moos. Im Jahr 1207 wird nicht nur die kleine Gemeinde erstmals urkundlich erwähnt, sondern auch der Herrschaftssitz, der den mächtigen Grafen von Bogen gehörte, die übrigens das spätere bayerische Rautenwappen führten. Die Burg selbst wurde zwischen 1270 und 1639 mehrmals zerstört, niedergebrannt und unverdrossen wieder aufgebaut. Auch die Herrschaftsverhältnisse über Moos änderten sich andauernd. So gehörte die Gemeinde nach den Grafen von Bogen dem Kloster Niederalteich, dann dem Adelsgeschlecht der Aichberger und schließlich ging der Besitz 1568 durch Heirat an die Grafen Preysing. Sie waren bis 1940 die Herren auf Schloss Moos. Seitdem gehört der Besitz der Familie Arco-Zinneberg.

Zur herrschaftlichen Anlage gehört ein Brauereigasthof, die heutige Schlosswirtschaft. Ihre Geschichte lässt sich bis 1472 zurückverfolgen und sie bestand somit vor der Brauerei, von der man erstmals 1567 hört. Außerdem war der Gasthof als letzter Rastplatz vor dem Donauübergang eine wichtige Station auf der Salzstraße zwischen Salzach und

Die Außenfassade der Schlosswirtschaft mit den schattenspendenen Kastanien

Böhmen. Der aktuelle Zustand des Gebäudes geht auf die letzte große Renovierung nach dem Hochwasser 1953 zurück. Der zweigeschossige Halbwalmdachbau mit seinen grünen Fensterläden wurde 1993 von der Familie Kurz übernommen. Linker Hand des Eingangs, wo sich heute das „Bräustüberl" mit Platz für 30 Personen befindet, gab es bis 1972 eine Metzgerei. Die anderen beiden Gaststuben bilden die ältesten Teile des Gebäudekomplexes und stehen unter Denkmalschutz. Hier erfolgte 1950 ein platztechnischer Umbau, denn in der jetzigen „Grafenstube" war früher die Küche untergebracht, die jedoch wegen Platzmangels in die Eingangshalle verlegt und offen einsehbar umgebaut wurde. Hier gelangt man auch zu den Hotelzimmern und zum etwa 200 Personen fassenden Festsaal, von dem aus man einen wunderschönen Blick über die Landschaft genießen kann. Besonders die Schützen sind in der Schlosswirtschaft Moos präsent. Zum einen zeigt dies das direkt an den Gebäudekomplex angrenzende Schützenheim, zum anderen die Grafen- und Gaststube mit den üblichen Wappen, Bildern, Geweihen und Holztafeln mit Schützenmotiven.

Die zur Straße gelegene „Grafenstube" prägen ihr Holzfußboden, dunkle Sitzbänke, Butzenglasscheiben und eine Kassettenholzdecke. Durch ihre geringere Größe schafft sie eine gemütliche Atmosphäre. Die historischen Bilder der Familie Arco-Zinneberg unter Hirschgeweihen belegen die gezielte Kombination der wichtigsten Elemente der „Schlowi": des Adelsgeschlechts und der Schützen.

Die doppelt so große Gaststube mit Fliesenboden und dunklen Sichtbalken schafft es gekonnt, durch eine überlegte Aufstellung der Sitzbänke behagliche Nischen zu schaffen, so dass man die Entscheidung hat, sich entweder zurückzuziehen und seine Ruhe zu genießen oder sich dem Wirtshaustreiben hinzugeben, wo jeder jeden kennt und man immer jemanden für eine nette Unterhaltung findet. Der alte, in einer Ecke stehende Kamin unterstützt diese Atmosphäre.

An der Wand hängen Bilder der adeligen Schlossbesitzer

Ein besonderer Anziehungspunkt ist der große Biergarten. Er bietet bis zu 300 Personen Platz und ist ein idealer Ausflugsort für die ganze Familie. Hier können sich die Kinder auf dem großen Spielplatz mit Bobby-Cars, auf Rutschbahn und Schaukeln austoben oder die Pferde auf der angrenzenden Weide beobachten, während sich die Erwachsenen auf der selbstgebauten hauseigenen Bowlingbahn vergnügen können.

Im Sommer herrscht hier unter den hohen Bäumen – Kastanien, Rot-Ahorn und Linden – stets ein munteres Treiben, jedoch nicht zu vergleichen mit dem Pfingstsonntag! Da richtet nämlich die Brauerei Arco ein großes Pfingstfest in Moos aus und in der Schlosswirtschaft herrscht Ausnahmezustand. Die Gäste wandern oder schwanken – je nachdem – zwischen dem Festzelt und der „Schlowi" hin und her.

Auch der Wirtsfamilie Kurz ist es wichtig, frische Produkte aus der Umgebung zu beziehen und anzubieten. So kann es einem schon einmal passieren, dass man den Kurz Michl mit seinem kleinen Traktor und Anhänger zum nächstgelegenen Bauernhof fahren sieht, um Gemüse und Salate für die Küche abzuholen.

Fazit: Die Schlosswirtschaft ist ein idealer Treffpunkt für Jung und Alt, ob alleine oder zu mehreren. Ob man sich einfach zu einem gemütlichen Bier zusammensetzen oder mit seiner Familie einen Ausflug machen und die gute Küche genießen möchte: Auf jeden Fall sind die Gäste hier in guten Händen.

Gemütlichkeit wird in der „Schlowi" groß geschrieben

Schlosswirtschaft Moos

Preysingerstraße 23
94554 Moos

Telefon: 09938/229

kurzalexandra@t-online.de
www.schlosswirtschaft-moos.de

Öffnungszeiten:
Dienstag–Sonntag
10:00–24:00 Uhr
Ruhetag: Montag

Hotel-Gasthof bayr. Löwe in Osterhofen

Die Geschichte Osterhofens beginnt um 1004–09 mit der Errichtung eines Kollegiatstifts, also einer Wohngemeinschaft von Weltgeistlichen, die 1138 dem kurz zuvor von Norbert von Xanten gegründeten Prämonstratenserorden übergeben wurde. Da sich das Kloster zu einem religiösen, geistigen und kulturellen Mittelpunkt entwickelte, blieb die Entstehung einer zugehörigen Klostersiedlung nicht aus, die im 12. Jahrhundert das Marktrecht erhielt.

Nachdem Landgraf Johann von Leuchtenberg die Lehensrechte der Hofmark (ein Herrschaftsbezirk, dessen Inhaber die niedere Gerichtsbarkeit innehatte) 1378 dem Bamberger Bischof Lamprecht abgekauft hatte, ließ er in unmittelbarer Nähe des bisherigen Marktes eine neue Siedlung mit dem Namen des Altortes errichten, weshalb dieser seitdem Altenmarkt heißt, abgeleitet von „Osterhofen im alten Markte." Dieses Nebeneinander von Neustadt und Altstadt, Neumarkt und Alt(en)markt, Neudorf und Altdorf ist häufig zu finden. Als Anfang des 18. Jahrhunderts die Kirche des Klosters durch einen Brand zerstört wurde, beauftragte das Stift 1728 den zu jener Zeit führenden Baumeis-

ter Johann Michael Fischer und die weithin berühmten Künstlerbrüder Cosmas Damian und Egid Quirin Asam mit dem Neubau und der Ausstattung; ihnen gelang eines der großen Meisterwerk spätbarocker Architektur in Altbayern. Aber nicht nur die Asamkirche lockt Besucher an, sondern auch die vielen Radwege, die die Stadt kreuzen. Der 1992 ins Leben gerufene, alljährlich am Palmsonntag abgehaltene Rossmarkt mit Pferde- und Kutschenfestzug hat unter Pferdeliebhabern einen gewissen Bekanntheitsgrad errungen.

An der stattlichen Marktstraße Osterhofens steht der Gebäudekomplex des spätestens 1643 belegten Gasthofs bayr. Löwe mit Hotel und eigener Metzgerei. Mit seiner lang gestreckten Fassade bildet er einen unübersehbaren repräsentativen Blickfang. Eine genauere Betrachtung der Außenfassade lässt uns vermuten, dass es sich eigentlich um zwei Gebäude handelt, da der linke Gebäudeteil nur Dachluken aufweist, während der rechte Giebelgauben besitzt. Und tatsächlich gehört der rechte Anbau, der vorher eine Buchdruckerei beherbergte, erst seit 2001 zum bayr. Löwen. Damals erhielten auch die Gast- und Hotelzimmer ihre Gestalt.

In der Ofenstub'n steht ein alter Kachelofen aus einem Berliner Herrenhaus

Zwei große Torbögen führen in den imposanten Gebäudekomplex. Links liegt die hauseigene Metzgerei, in der immer noch produziert, aber nicht mehr geschlachtet wird. Gegenüber der Fleischerei liegt die Gaststube mit Holzverkleidung und offenen Deckenbalken. Daneben bieten drei weitere große Gaststuben Platz für 150 Personen. In der „Ofenstub'n" steht – entsprechend dem Namen – ein alter Kachelofen aus einem Berliner Herrenhaus, der heute noch benutzt wird.

In dem geschützt in einem Innenhof liegenden Biergarten kann man sich entspannen und die Seele baumeln lassen, da man von dem Treiben in der Stadt und auf dem verkehrsreichen Marktplatz nichts mitbekommt.

Ganz nach dem Motto „Nicht daheim – und doch zu Hause" bewirtet Familie Gerstl ihre Gäste. Seit 1937 ist der Gasthof in Familienbetrieb und die erste Generation war es auch, die mit der Metzgereitradition angefangen hat. Sohn Sepp bereitet sich schon als dritte Generation darauf vor, den Familienbetrieb einmal weiterzuführen, und hat deshalb neben dem Meisterbrief als Metzger und Koch noch den Betriebswirt absolviert. Besser kann man gar nicht vorbereitet sein, um weiterhin den Bayr. Löwen zu einem Zuhause fern der Heimat zu machen.

Hotel-Gasthof Bayr. Löwe

Vorstadt 10
94486 Osterhofen

Telefon: 099321497

info@hotel-bayr-loewe.de
www.hotel-bayr-loewe.de

Öffnungszeiten:
täglich geöffnet
Ruhetag: Samstag

Historische Aufnahme von ca. 1912

Der Gasthof zur Post in Winzer

Der kleine Markt Winzer liegt im Osten des Landkreises Deggendorf. Wie viele dörfliche Gemeinden hat auch Winzer mit dem Strukturwandel im ländlichen Raum zu kämpfen: Viele junge Leute zieht es in die größeren Städte, die Bauentwicklung an den Ortsrändern nimmt zu. Die Folge sind Leerstand und zunehmender Verfall in den Ortszentren. In Winzer hat man die Zeichen der Zeit erkannt und sich dazu entschlossen, dieser Entwicklung aktiv entgegenzuwirken, durch gezielte Sanierungen in der Ortsmitte geschichtsträchtige Gebäude vor dem Verfall zu bewahren und wieder ein florierendes Marktleben entstehen zu lassen.

Eines dieser Gebäude ist der zweigeschossige Halbwalmdachbau des Gasthofs zur Post direkt im Ortskern von Unterwinzer, dem „Dorf", wie es unter Einheimischen heißt. Die Geschichte des Dorf-

Ausblick auf den Kirchplatz mit der Pfarrkirche St. Georg

Der Saal mit authentischer Ausstattung: Galerie, Decke und Boden sind noch alt

wirtshauses reicht vermutlich zurück bis ins 15. Jahrhundert; eine Quelle von 1606 erwähnt die Existenz des Gasthauses bereits im Jahr 1487. Die Bezeichnung „Gasthof zur Post" erhielt es wahrscheinlich im Jahr 1885 mit der Eröffnung der örtlichen Poststation, die hier untergebracht war. Nachdem die Wirtschaft bis dahin immer im Besitz ortsansässiger Familien gewesen war, wurde sie um 1936 vom Gräflichen Brauhaus Moos, heute Arcobräu, übernommen. Seit etwa 1928 ist der Betrieb verpachtet.

Am 19. Juli 1945 brannte das Gasthaus fast vollständig aus, nur die Außenmauern blieben stehen – das Feuer war von amerikanischen Besatzungssoldaten versehentlich entfacht worden. Schon im Jahr darauf begann der Wiederaufbau, bei dem es in der Außenansicht zu zwei Veränderungen gegenüber dem früheren Zustand kam: Anstatt der zweiflügeligen Fenster wurden im Erdgeschoss nun dreiflügelige eingebaut und die ursprünglichen Fledermausgauben durch Walmgauben ersetzt. Auch im Innenraum geschahen einige Veränderungen. So befand sich der Saal an der Nordseite vorher im Obergeschoss, im Erdgeschoss lagen die Unterstände für Pferde und die Wagenremisen. Beim Wiederaufbau wurde der Saal dann ins Erdgeschoss verlegt und mit einer Galerie an drei Seiten umgeben, wie er auch heute noch besteht.

Lief der Betrieb bis zu Beginn der 1980er Jahre recht gut, so folgte eine Zeit vieler Pächterwechsel und mäßigen Erfolgs, bis sich schließlich gar kein Pächter mehr für den Gasthof zur Post fand und das Gebäude rund zehn Jahre lang leer stand.

2010 fiel die Entscheidung des Gemeinderats, durch die Wiederbelebung des Dorfwirtshauses dem Markt ein neues kulturelles Zentrum zu verleihen, und so erwarb der Markt Winzer das Gebäude von der Arcobräu Moos. Für 2,2 Millionen Euro wurde der Gasthof von Grund auf saniert. Die Mittel stammten zur einen Hälfte aus der Gemeindekasse, zur anderen aus Städtebaufördermitteln. Seitdem erstrahlt das alte Gasthaus wieder in neuem Glanz. Das Erdgeschoss erhielt seine zweiflügligen Holzfenster zurück und das Dach die ursprünglichen Fledermausgauben. Die Einrichtung des gesamten Hauses bietet ein stimmiges Bild und scheint wie aus einem Guss: weiße Wände, dunkle,

glatte Vertäfelung und schnörkelloses Mobiliar aus dunklem, poliertem Massivholz – modern, jedoch mit vornehmer Zurückhaltung und immer mit Blick auf den Stil der originalen Wirtshauseinrichtung. Der Gastraum links des Eingangs wurde mit einem hellen Dielenboden ausgestattet und die Wand zum ehemaligen Nebenzimmer durchbrochen. Viele alte Fotografien an den Wänden zeigen das Wirtshaus, seine Pächter und Gäste in der ersten Hälfte des 20. Jahrhunderts. Altes und Neues steht hier in harmonischem Einklang.

Rechts des Eingangs liegt heute ein Nebenraum, die „Wurzelstube". Früher war hier das Postamt untergebracht, nach dem Wiederaufbau 1946 die Küche. Diese wurde bei der Sanierung jedoch in einen Anbau hinter dem Gebäude verlegt, um neuen Anforderungen nachzukommen.

Im Bürgersaal sind Holzdecke, Stützpfeiler und Galerie erhalten. Mit großem Aufwand wurde der denkmalgeschützte Raum bei der Sanierung mit Brandschutz und Wandheizung versehen, ohne dabei die Ausstattung zu beeinträchtigen. Etwa 250 Gäste finden Platz; so ist der Gasthof zur Post wieder gesellschaftlicher Mittelpunkt des Gemeindelebens in Winzer. Im Obergeschoss, über der Gaststube, gibt es heute Tagungsräume, die häufig auch vom Marktrat für Sitzungen genutzt werden.

An der Ostseite vor dem Gasthaus wurde eine mit alten Granitsteinen ausgelegte Terrasse gestaltet. Hier, gegenüber der Pfarrkirche St. Georg, lässt sich das Treiben im Markt Winzer aus angenehmer Entfernung beobachten. Das Hausiererdenkmal an der Straße zeigt einen fahrenden Händler

samt einem mit Körben beladenen Leiterwagen und erinnert an die benachbarte alte Korbfabrik; dieses Gebäude harrt derzeit noch der Sanierung und Wiederverwendung.

Mit Werner Schmitt hat der Gasthof zur Post einen erfahrenen Pächter gefunden, der sich mit vollem Einsatz und einem durchdachten Konzept des Gasthauses angenommen hat. In der Küche steht er selbst und bei ihm kommen nur frische Produkte auf den Tisch – bayerische Gerichte und leichte, mediterrane Kost. Dieses Angebot wird von Einheimischen und Auswärtigen gleichermaßen begeistert angenommen, weswegen auch viele Gäste bis aus Passau oder Straubing kommen, um dem neuen Gasthof zur Post einen Besuch abzustatten.

Die Investition der Gemeinde hat sich also gelohnt und stellt einen sehr erfolgreichen ersten Schritt dazu dar, den schönen Ortskern und insbesondere dieses historische Gebäude zu erhalten und mit neuem Leben zu erfüllen. Und so soll es auch in Zukunft weitergehen!

Gasthof Zur Post

Passauerstr. 77
94577 Winzer

Telefon: 09901 / 9036054

info@gasthof-post-winzer.de
www.gasthof-post-winzer.de

Öffnungszeiten:
täglich ab 11:00 Uhr

Geschichte der Donauschifffahrt

Zwischen ihrem Ursprung in Donaueschingen und ihrer Mündung ins Schwarze Meer durchfließt die Donau auf rund 2800 Kilometern zehn Länder. Für die Großschifffahrt ist sie ab der Einmündung des Europakanals bei Kelheim schiffbar.

Als Transportmittel dienten in früheren Zeit Zillen oder Plätten. Die kleineren wurden wegen des zu teuren Rückweges häufig am Zielort als Bauholz verkauft. Größere Zillen, wie Kelheimer oder Ulmer Ordinarischiffe, zogen Zugtiere, später auch Strafgefangene auf Treidelpfaden mit wertvoller Ladung wie Wein oder Salz zurück. Begleitet wurde ein solcher Zug meist von mehreren kleinen Zillen, die Tauwerk und Vorräte mitführten. Dazu kamen bis zu 60 Pferde und eine ebenso große Mannschaft. Mit dem Aufkommen der Dampfschifffahrt ab 1812 änderte sich alles für die Donauschiffer, obwohl es das Treideln vereinzelt bis um 1900 gab. Stählerne Ketten in der Fahrrinne des Flusses übernahmen diese Funktion, an denen sich die Kettenschlepper mittels Dampfkraft selbst den Fluss hinaufzogen.

Die Donaulände in Hofkirchen. Einst gab es hier zehn bayerische Gasthöfe zur Bewirtung der Schiffer

Heute prägen Containerschiffe, Schub- und Schleppboote und die touristischen Flotten den Fluss. Mit rund 1,5 Millionen Fahrgästen im Jahr hat die Personenschifffahrt einen beträchtlichen Anteil an der Donauschifffahrt.

Einkehr boten den Schiffern die zahlreichen Gasthäuser, die in den Ortschaften entlang der Donau eine Blütezeit erlebten. Die Händler brachten wirtschaftlichen Aufschwung, Waren und Neuigkeiten in die Dörfer, kauften Proviant und übernachteten in den Gasthöfen. Dorfbewohner boten Lotsendienste an. Viele Wirtshäuser und Brauereien entstanden in den kleinen Orten entlang der Donau. Mit dem Beginn des industriellen Zeitalters fand diese Hochkonjunktur ihr Ende. Schnelleres Vorankommen, geringere Personalintensität und bessere Versorgungsmöglichkeiten auf den Schiffen machten längere Pausen überflüssig. Viele der einst so unerlässlichen und wohlhabenden Gaststätten an den Ufern der Donau stehen heute leer und erinnern nur noch mit verrosteten Auslegern oder verblassenden Fassadenaufschriften an ihre Prunkzeit.

Von den zehn bayerischen Wirtshäusern, die es allein in Hofkirchen an der Donau gab, ist nur der Gasthof Buchner übrig geblieben.

Familie Buchner führt bis heute den alten Gasthof in der Kaiserstraße, in dem schon Kaiser Franz I. nach seiner Kaiserkrönung 1745 nächtigte

Das Bräustüberl
im Kloster Aldersbach

Etwa 30 Kilometer westlich von Passau liegt im Tal der Vils die Gemeinde Aldersbach. Bayernweite Bekanntheit erlangte Aldersbach wegen des ehem. Zisterzienserklosters, dessen Kirche – ebenso wie die des Klosters Weltenburg – von den Brüdern Cosmas Damian und Egid Quirin Asam ausgestaltet worden ist. 1120 wurde das Kloster von Augustiner-Chorherren gegründet, 1146 kam es an die Zisterzienser. Schon bald begannen die Mönche Bier zu brauen, denn ein Schiedsbrief des Grafen Albrecht von Hals aus dem Jahr 1268 bezeugt bereits den Brauereibetrieb. Damit zählt die Brauerei Aldersbach zu den ältesten der Welt. Während des Dreißigjährigen Krieges gingen die Unterlagen zur Braugerechtigkeit unglücklicherweise verloren, daher musste Aldersbach im 17. Jahrhundert um den Fortbestand seiner Braustätte bangen. 1644 jedoch bestätigte Kurfürst Maximilian I. dem Kloster erneut die Braugerechtigkeit und der Betrieb konnte fortgeführt werden. Der steigende Bierkonsum forderte eine Erweiterung des Brauereigebäudes, bei der die Anlage ihre barocke Gestaltung erhielt. Im Zuge der Säkularisation 1803 wurde das Kloster schließlich aufgelöst und die Brauerei ging für kurze Zeit an einen Passauer Bierbrauer. Bereits 1811 jedoch erwarb Johann Adam Freiherr von Aretin das Kloster

Deftige Brotzeiten und gute Stimmung im Bräustüberl

samt Brauerei, die sich nach wie vor im Besitz der Familie befindet. Das Kloster selbst übergaben die Aretins dem Förderkreis Kloster Aldersbach, der sich der sorgfältigen Restaurierung und Sanierung der einstigen Zisterze annimmt und bemüht ist, die Räumlichkeiten wieder nutzbar zu machen. So ist schon ein Restaurant in das Gebäude eingezogen, die ehemaligen Mönchszellen wurden zu Gästezimmern umgebaut und unterschiedlich große, zum Teil mit elegantem Stuckdekor geschmückte Säle bieten Platz für Tagungen und Schulungen. Nur der Südflügel wird weiterhin von der Brauerei genutzt und dort ist auch der kleine Klosterladen untergebracht.

Den Liebhabern altbayerischer Braukunst bietet die Brauerei ein wohlfeiles Sortiment: Klosterhell und Klosterdunkel, das Urhell, das Festbier, das helle und dunkle Klosterweißbier und – als Lieblingsbier der Brauerfamilie – das Ursprung.

Klosteranlange Aldersbach mit Brauerei und Asamkirche

Die Geschichte des Bieres

Das erste Bier soll durch Zufall entstanden sein: Ein Stück Brot fiel in einen Wasserkrug und fing an zu gären – so zumindest berichten sumerischen Schriften um 5000 v. Chr. Im Laufe der Zeit wurde viel ausprobiert und es gab unterschiedliche Rezepturen zum Brauen von Bier. Bereits im 7. Jahrhundert nahmen sich die Klöster der Bierherstellung an, wodurch das Brauverfahren vereinheitlicht wurde. Das durch Abgaben der Bauern an die Klöster überbrachte Bier hatten die Mönchen wohl zurecht als nicht nahrhaft genug empfunden. Aus alten Schriften erlernten sie die Bierherstellung und optimierten die Brauprozesse. Im Hochmittelalter gab es wohl bis zu 500 Klosterbrauereien. Zwar wurde in vielen Regionen aufgrund der schlechten Wasserqualität eher Wein getrunken, aber letztlich setzte sich bei der nicht selten mangelhaften Ernährung Bier wegen seines hohen Kaloriengehalts als wichtiges Nahrungsmittel durch. Zudem konnten die Mönche mit dem alkoholischen Getränk die Fastenzeit umgehen – ganz nach dem Motto „Flüssiges bricht das Fasten nicht." 1516 beschlossen die bayerischen Herzöge Wilhelm IV. und Ludwig X., dass für die Bierherstellung nur Gerste, Hopfen und Wasser verwendet werden darf – das bayerische Reinheitsgebot war geboren.

Als besonderer Glanzpunkt ist dem Kloster das traditionelle Bräustüberl erhalten geblieben, das direkt an den Brauereitrakt angrenzt. Fast 100 Jahre lang diente es den Brauern zum Aufenthalt, jedoch ist es seit der frühen Nachkriegszeit nicht mehr den Brauern vorbehalten, sondern ist auch der Öffentlichkeit zugänglich. Heute genießen täglich viele Besucher die Stimmung in den barocken Gewölben.

Zunächst bestand das Bräustüberl nur aus dem großen Hauptraum, den man durch ein mannshohes Bierfass, das als Windfang dient, betritt. Im Laufe der Zeit wurden die Räumlichkeiten erweitert und neue Stüberl kamen hinzu. Sie heißen „Brauerstüberl", „Asamstüberl", „Ritterstüberl", „Museumsstüberl" oder „Bruder-Kastner-Stüberl". Den meisten Platz bietet der ehemalige Speisesaal der Mönche, das Refektorium, in dem bis zu 250 Gäste bei gelegentlichen Kabarett- oder

Musikveranstaltungen und zu privaten Feiern einen Platz finden. Die anderen Räume können zwischen 25 und 70 Gäste aufnehmen und sind ihren Namen entsprechend ausgestaltet. Alte Werbeschilder, Zeichnungen und Bierkrüge der Brauerei lassen im „Museumsstüberl" die Geschichte aufleben. Das „Bruder-Kastner-Stüberl" erinnert an den Ordensbruder, der der Überlieferung nach während des Dreißigjährigen Krieges als einziger im Kloster zurückgeblieben war, während das ganze Dorf vor den Schweden floh. Die Schweden vermuteten, das Kloster sei leer, und bekamen es bei dem geheimnisvollen Türenklappern und den unheimlichen Geräuschen, verursacht durch Bruder Kastner, mit der Angst zu tun und ließen alsobald vom vermeintlichen Kloster-Geist ab. Heute gibt es den Bruder-Kastner-Stammtisch, bei dem jeder, der sich um das Kloster verdient gemacht hat, im Andenken an diesen Bruder Kastner geehrt wird. Dazu bekommt er sogar seinen eigenen Bierkrug, mit dem er im Bräustüberl auf Lebzeit Freibier genießen kann.

Das meiste Leben aber spielt sich freilich im Hauptraum der Wirtschaft ab. Hier erfolgt der Ausschank, an dem man sein Bier direkt frisch aus dem Keller der Brauerei bekommt – traditionell

Links das „Museumsstüberl", rechts das ursprüngliche „Bräustüberl"

Arkardengang an der Hofseite

nur im Maßkrug und zu einem sehr anständigen Preis. Das Besondere am Bräustüberl in Aldersbach: Hier gibt es keine Speisen-Bewirtung. Nach wie vor ist es ein Brotzeitstüberl, wohin sich Gäste ihre Verpflegung selbst mitbringen müssen. Und diese selten gewordene Möglichkeit nutzen viele Gäste zu einem geselligen Picknick in historischen Gemäuern, wenn das Bräustüberl um 14 Uhr seine Pforten öffnet. Nach alter Manier darf dabei die Wirtshausmusik nicht fehlen. Jeder darf hier aufspielen, solange er kein Geld dafür verlangt

Das Konzept der Wirtschaft stützt sich vor allem auf gelebte Tradition. Die große Bayerische Landesausstellung 2016 in Aldersbach hat mit dem Thema „Bier in Bayern" den passenden Ort gewählt.

Aldersbacher Bräustüberl

Freiherr-von-Aretin-Platz 1
94501 Aldersbach

Telefon: 08543-1775
Brauerei: 08543/960415

info@aldersbacher.de
www.aldersbacher.de

Öffnungszeiten:
täglich geöffnet:
14:00–24:00 Uhr
Ruhetag: Sonntag
von Allerheiligen–Ostern

Zum Kirchenwirt in Aidenbach

Im westlichen Teil des Landkreises Passau liegt zwischen der Vils und der Rott der Markt Aidenbach. Die Anfänge des 3200-Seelen-Ortes lassen sich im 9. Jahrhundert vermuten, jedoch ist kein genaues Datum bekannt. Ein schriftlicher Beleg der Ortschaft Etinbach liegt erst 1072 mit einer Stiftungsurkunde des Passauer Bischofs Altmann vor. Der Markt hatte häufig unter Seuchen und Kriegen zu leiden, unter denen der Spanische Erbfolgekrieg (1701–14) besonders zu erwähnen ist, in dessen Verlauf am 8. Januar 1706 in der Schlacht von Aidenbach die Rebellion der bayerischen Bauern gegen die österreichische Herrschaft auf brutale Weise beendet wurde; mehr als 4000 Menschen kamen dabei ums Leben. Nur ein paar Jahre später wurde Aidenbach von einem Großbrand heimgesucht, bei dem alle Gebäude auf der Nordseite – mit Ausnahme des Kirchenwirts – zerstört wurden. Dieses Gasthaus Kirchenwirt gehört nun der Brauerei Aldersbach, was nicht verwunderlich ist, da Aidenbach seit der zweiten Hälfte des 18. Jahrhunderts enge Beziehun-

Im Hintergrund: die kath. Pfarrkirche St. Agatha

gen zu den Grafen von Aretin und somit zu Aldersbach pflegte (siehe hierzu den Beitrag über Aldersbach Nr. 28).

Der dreigeschossige, traufständige Steildachbau mit seiner gelben Putzgliederung steht, entsprechend seinem Namen, direkt neben der Kirche und bildet mit dieser ein malerisches Ensemble. Errichtet 1616, wurde der Brauereigasthof 1950 erneuert und letztmalig 1999 renoviert, wodurch sein gegenwärtiges Aussehen geprägt ist.

Wir betreten das Gebäude durch die Toreinfahrt, die zugleich auch den Zugang zum Taubenmarkt darstellt, der jeden Sonntag von 8 bis 10 Uhr hinter dem Haus stattfindet.

Beim Eintreten überzeugt das helle Bierstüberl durch seine gemütliche, ländlich geprägte Einrichtung. Im offenen Gastraum finden bis zu 60 Personen Platz. Der freundliche Charakter wird durch die warmen Holztöne der Decke und der halbhohen Wandvertäfelung unterstrichen. Die Brauerei Aldersbach ist in der Ausstattung omnipräsent; historische Aufnahmen und Werbebilder erinnern an die örtlich ansässige Brauerei. Die Theke steht ums Eck, ein paar Stufen oberhalb der Gaststube. An der Theke und der Küche vorbei gelangt man ins „Jagdzimmer", mit Platz für bis zu 70 Personen. Die Stube trägt ein Kreuzgewölbe auf zwei in der Mitte stehenden Säulen. Natürlich dürfen Hirschgeweihe nicht fehlen …

Aushängeschild des Kirchenwirts sind die beiden großen Festsäle. Linker Hand der Toreinfahrt führt eine Treppe in den ersten Stock hinauf. Zum einen gibt es das „Hochzeitszimmer" mit Platz für bis zu 60 Personen und einer originalen Holzdecke, deren Kassetten schöne florale Malereien tragen.

Im gleichen Stockwerk liegt auch der „Große Festsaal" mit seinem flachen Holzgewölbe und den Malereien, die aufständische Bauern aus dem Spanischen Erbfolgekrieg zeigen. Von außen würde man nicht vermuten, dass das Haus über einen Raum mit diesen Ausmaßen verfügt. Je nach Bestuhlung können hier bis zu 380 Personen sitzen, und durch eine fest eingebaute Bühne ist der Raum für größere Veranstaltungen bestens geeignet. So feiert die Aidenbacher Theatergruppe „Die vom Reschndobl" hier ihre großen szenischen Erfolge.

Aidenbach und der Kirchenwirt sind einen Besuch wert! Zum Leidwesen der Aidenbacher waren die Geschicke des Wirtshauses in den vergangenen Jahren von häufigen Pächterwechseln geprägt; einig sind sich die Gäste jedoch in der schwärmerischen Beurteilung des Essens, sei es die Schnitzelplatte, seien es die opulenten Büffets.

Zu beachten sind die Öffnungszeiten (siehe Kasten links). Unter der Woche schließt Inhaber Bernhard Schiessl nur für angemeldete Veranstaltungen seine Tore auf.

Brauereigasthof Zum Kirchenwirt

Marktplatz 23
94501 Aidenbach

Telefon: 08543-917755

Öffnungszeiten:
Donnerstag–Freitag
ab 17:00 Uhr
Samstag
durchgehend
Sonntag
bis Nachmittag

Die gemütliche Sitzecke neben dem Ausschank mit Blick in die Gaststube

Der Gasthof zur Post in Aicha vorm Wald

Nur wenige Kilometer nördlich der Donau im Bayerischen Vorwald liegt zwischen Vilshofen und Passau die ehemalige Hofmark Aicha vorm Wald. Die Ortschaft selbst befindet sich im Tal der Ohe, dem Quellfluss der Ilz, am Autobahnzubringer zur A3 Passau–Deggendorf–Regensburg. Am Ortsrand steht hochaufragend die malerische Bautengruppe des Schlosses aus dem späten 16. Jahrhundert, das einzige Wasserschloss im Bayerischen Wald.

In der Ortsmitte, gegenüber der Pfarrkirche St. Peter und Paul aus dem 18. Jahrhundert, liegt das Anwesen der Familie Stauder. Die Erbauung des Hauses wird auf das zweite Viertel des 19. Jahrhunderts geschätzt; bei einem Brand im Pfarrhaus wurden unglücklicherweise alle Unterlagen zerstört, sodass es dazu leider keine exakten Angaben mehr gibt. Ende der 1890er Jahre erwarb der Urgroßvater von Georg Stauder die Gastwirtschaft von der vorherigen Besitzerfamilie Schecks.

Seitdem ist sie in Familienbesitz geblieben und wird von Georg Stauder und seiner Frau, unterstützt von seinen Eltern, in nunmehr vierter Generation geführt und liebevoll gepflegt.

Während des Ersten Weltkrieges beherbergte das Wirtshaus direkt am Kirchplatz die örtliche Poststation, heute ist das Gasthaus zur Post eine feste Institution in der Gemeinde Aicha und bei vielen nur als Gasthaus Stauder bekannt. So fällt auch das Kupferbanner mit der Aufschrift „Georg Stauder" über der Eingangstür ins Auge, behütet von der Figur des hl. Johannes Nepomuk. Die original erhaltene massive Tür, eingerahmt von gusseisernen Handläufen, bildet das Zentrum der imposanten Längsseite des eindrucksvollen, gepflegten zweigeschossigen Baus mit Halbwalmdach und gelber Putzbandgliederung. Überhaupt ist dem Wirt die Instandhaltung seines Anwesens ein besonderes Anliegen: In jeder freien Minute werden schadhafte Stellen ausgebessert, Renovierungen durchgeführt und bei Bedarf bekommt auch die Fassade einen frischen Anstrich; dieses Engagement kommt nicht nur dem Gebäude, sondern auch dem aufmerksamen Besucher zugute.

Zum Haupthaus gehören zwei Nebengebäude. Rechts, an Stelle des früheren Biergartens, steht seit mehr als 100 Jahren eine Garage. Der Bedarf kam Anfang des 20. Jahrhunderts mit der Poststation: Es brauchte einen Platz für das Postauto, der Biergarten musste weichen. Einen kleinen Freisitz gibt es dennoch, hinter dem Haus, wo früher der Misthaufen war. Links vom Gebäude ist noch ein schmaler Bau angeschlossen. 1980 wurden die ehemaligen Pferdeställe abgerissen und machten Platz für die kleine Pension mit sieben Fremdenzimmern, die die Familie Stauder zusätzlich betreibt.

Im Eingangsbereich stehen wir unter einer ansehnlichen Gewölbedecke, die einen lebhaften Eindruck vom ursprünglichen Zustand des Hauses vermittelt. Links gelangt man in den hellen und

Sparverein

Die Mitglieder des Sparvereins verpflichten sich, in bestimmten Zeitabschnitten eine bestimmte Summe (meist kleinere Einzelsummen wie zwei Euro pro Woche) in persönliche Depots einzuzahlen, in der Regel sogenannte Sparkästen oder Sparschränke, die üblicherweise im Dorfwirtshaus angebracht werden. Die dazugehörigen Sparkästen sind gewöhnlich aus Metall, an der Front mit Fächern, Einwurfschlitzen und einer Nummerierung oder Namensschildchen versehen.

Einmal im Jahr gibt es eine Ausschüttung der Ersparnisse. Oft wird für unregelmäßiges Einzahlen eine Strafsumme angesetzt. Entweder erhält der Sparer sein Geld zur weiteren Anlage auf einem Konto, oder aber die Ausschüttung des Sparkastens finanziert eine festliche Zusammenkunft. Heute überwiegt eher die Freude an einer gemeinschaftlichen Aktion, früher dienten die Sparkästen angeblich dazu, dass bei den Wirtshausbesuchen des Mannes auch noch Geld für die Familie übrig blieb – etwas Wahres ist bestimmt dran!

einladend klaren Gastraum, in dem bis zu 50 Gäste die gutbürgerliche Küche von Georg Stauder genießen können. Die Spezialität des Hauses: Schweinsbraten aus dem Holzofen!

Bei der Renovierung des Gastraums wurde besonderer Wert auf eine hohe Qualität der Ausstattung und einen authentischen Stil gelegt, der dem Original nachempfunden ist. So wird der Übergang der altrosafarben gestrichenen Wände zur Decke durch dezente weiße Hohlkehlen abgesetzt. Eine Besonderheit: Direkt neben der Tür ist ein „Sparkasten" angebracht, der von den Mitgliedern des Sparvereins Aicha v. W. immer noch häufig frequentiert wird. Daneben beherrscht ein großes altes Holzkreuz mit detailreich gearbeitetem Korpus die Wand. Es gehört zur ursprünglichen Ausstattung des Gasthofs zur Post und wurde von einem Kirchenmaler restauriert. Eine Betrachtung wert sind auch die kunstvollen bunten Bierkrüge mit Zinndeckeln und filigraner Verzierung in Handarbeit, die raffiniert in den Boden eingearbeitete Bilder zum Vorschein bringen. Hier im Gastraum treffen zum Abendessen oder zum sonntäglichen Mittagessen Dorfgemeinde, Vereine und Gäste aus dem Umland zusammen. Häufig finden Gäste von fern ihren Weg hierher, die bei längeren Fahrten auf der

Der selbstgebaute Musikautomat aus dem Jahr 1929

Autobahn Rast machen oder eines der zahlreichen Ausflugsziele und Naturerlebnisangebote der Region besuchen; so sind die Westernstadt Pullman City und das Bauernhausmuseum Tittling nur wenige Kilometer entfernt.

Rechts vom Eingang gibt es noch ein kleineres Nebenzimmer, das im Laufe der Zeiten schon Poststation, Schlafzimmer der Großmutter und Wohnzimmer der Familie war. Heute ist es ein gemütlicher Nebenraum, der viel von der Geschichte des Wirtshauslebens ausstrahlt und gern für private Veranstaltungen genutzt wird. Einen genaueren Blick ist der alte Musikautomat wert, der 1929 von einem Anverwandten gebaut wurde. Das kunstvoll gestaltete Häuschen zeigt eine Dorfszene mit Tanz und Pferdegespann, die bei Einwurf einer 20-Cent-Münze zum Leben erweckt und von einer klangvollen Melodie begleitet wird. Die Bilder in den Fenstern zeigen den Konstrukteur des Automaten und seine Frau.

Im ersten Stock wird die gesamte Länge des Hauses von einem großen Saal mit Holzboden eingenommen, wo häufig Hochzeiten und größere Feierlichkeiten ausgerichtet werden. Ab und an gibt es auch Kabarett-Veranstaltungen und Starkbierfeste, die eine willkommene Abwechslung in den Dorfalltag bringen. Bei der Renovierung des Saals im Jahr 2004 machte Georg Stauder außerdem eine überraschende Entdeckung: Versteckt in der Decke fand er Holzkisten mit gut erhaltenen Stoffballen, die dort wohl während des Zweiten Weltkrieges verborgen und dann vergessen wurden. Das traditionsreiche Gebäude hält also immer wieder erstaunliche Überraschungen bereit. Zudem wird das schmucke Dorfgasthaus von Familie Stauder fürsorglich in Ehren gehalten, um noch viele weitere Jahre ein lohnendes Ziel für seine Gäste sein zu können.

Gasthaus Zur Post

Am Kirchplatz 3
94529 Aicha vorm Wald

Telefon: 08544/382

info@gasthaus-stauder.de
www.gasthaus-stauder.de

Öffnungszeiten:
täglich
7:00–22:00 Uhr
Ruhetag: Mittwoch

Restaurant Nestl in Bodenmais

Mitten im Bayerischen Wald liegt der Markt Bodenmais mit seinen knapp 3700 Einwohnern. War der Ort am Fuße des Silberbergs ab der Mitte des 15. Jahrhunderts eine wichtige Bergbaustadt, ist er heute ein vielbesuchter Kurort mit klarer Luft und einem besonderen Klima. Im Historischen Besucherbergwerk Silberberg kann man der Geschichte des Bergbaus in der Region nachspüren und einige Glasbläsereien zeigen das traditionsreiche Handwerk, das in vergangenen Zeiten den Bayerwald besonders prägte. Ihre vielen Besucher beleben die kleine Ortschaft, in der allerhand Kulturangebote ein breites Publikum finden.

Auf dem höher gelegenen Marktplatz hat sich noch eines der alteingesessenen Wirtshäuser in der sonst recht touristisch geprägten Ortschaft erhalten. Zunächst diente das seit 1782 schriftlich nachweisbare Anwesen als Schmiede, wechselte dann durch Heirat und Häusertausch von Besitzer zu Besitzer, bis es schließlich zur Krämerei wurde, die sich im Laufe der Zeit durch eine Weinstube und einen Bierausschanks zum Wirtshaus entwickelte. Das „Geissel", wie das Wirtshaus früher hieß, war immer Mittelpunkt des Dorflebens, wo die Bodenmaiser zusammenkamen und Dorfangelegenheiten geregelt wurden. 2012 hat mit Christina Gröner

Der Marktplatz mit Brunnen, im Hintergrund das Nestl

eine erfahrene Wirtin die Pacht für das freundliche Restaurant im klassizistischen Bau mit seinem Halbwalmdach übernommen. Schon seit 26 Jahren ist die gebürtige Bayerwalderin in der Gastronomie tätig und hat nun im Nestl ihr zweites Wohnzimmer gefunden, das sie liebevoll hegt und pflegt. So verbindet sie auch viel Persönliches mit dem Namen ihres Wirtshauses, der sie an einen früheren Aufenthalt in der Schweiz erinnert und für sie Geborgenheit und Ankommen bedeutet. Und dieses Gefühl von Heimat und Nestwärme möchte sie an ihre Gäste weitergeben.

Durch einen Granittorbogen und zwei reich verzierte schwarze Holztüren betritt man die heimelige Gaststube. Die recht niedrige Decke mit den geschnitzten schwarzen Tragbalken, dunkle Wandvertäfelung und das alte Riemchen-Parkett verströmen das Flair vieler geselliger Wirtshausabende. Die Einrichtung hat Christina Gröner übernommen oder originalgetreu erneuert. Authentisch wirken auch die kleinen quadratischen Tische und die verschiedenen Stühle, denen – genau wie der Eckbank – ihre langjährige Benutzung zwar anzusehen ist, die jedoch durch die liebevolle Pflege noch immer echte Schmuckstücke sind. Der weiße Kachelofen mit den grün glasierten Elementen, den herausnehmbaren handgefertigten Tonfigürchen und der eigentümlichen Kuppel stammt aus der Zeit um 1940. Die detailliert gearbeiteten Buntglasscheiben der kleinen Fenster in den tiefen Fensternischen zeigen Darstellungen verschiedener Berufe wie Bäcker, Bauer oder Jäger und spiegeln das dörfliche Alltagsleben in früheren Zeiten.

Einen Nebenraum gibt es im Nestl im vorderen Teil, direkt hinter der Gaststube. Früher traf sich die Dorfgemeinde hier zum Tanz, und so mancher Gast, der dem Nestl noch heute treu ist,

Nützliches aus alter Zeit

erzählt mit einem verschmitzten Lächeln von der einen oder anderen Romanze, die dabei ihren Anfang nahm. Getanzt wird zwar nicht mehr, doch den gemütlichen Charme hat der Raum behalten. Über der Vertäfelung stehen Zierteller und altes Geschirr. Einige Fotos erzählen Geschichten vom früheren Wirtshaustreiben mit zünftiger Musik und einer intensiv gepflegten Stammtischkultur. Nachgebildete Kohlebriketts mit Jubiläumsgravuren und Gedenksprüchen erinnern an die einstige Bedeutung des Bergbaus für Bodenmais und das Dorfwirtshaus.

Natürlich haben sich die Bedingungen für das alte Wirtshaus in dem völlig vom Tourismus vereinnahmten Ort verändert und Christina Gröner vor die Aufgabe gestellt, sich inmitten einer breiten Konkurrenz zu behaupten. Deshalb gibt es bei ihr auch ein Bier, das man sonst nirgendwo haben kann: das Nestl-Bier, ein süffig-weiches, bronzefarbenes Hausbier, eigens gebraut von der Brauerei Falter in Regen. In der bodenständigen Speisekarte finden sich neben ofenfrischem Schweinebraten und Bierbratl immer interessante Kreationen, wie etwa mit Gin flambierte oder mit Zimt und Orangen verfeinerte Steaks. Die Ideen für viele der Gerichte stammen von der Wirtin selbst, für die Umsetzung sorgt Koch Florian, mit dem sie immer wieder neue Höhepunkte für die Speisekarte entwirft.

Neben den auswärtigen Besuchern sind dem Nestl auch einige Stammgäste treu geblieben. Manche kommen bereits seit über 50 Jahren zum Stammtisch, haben Freunde und Ehepartner hier gefunden. Es bleibt zu hoffen, dass das Traditionswirtshaus noch lange bestehen bleibt – nicht nur aus bevölkerungstechnischen Erwägungen.

Restaurant Nestl

Marktplatz 13
94249 Bodenmais

Telefon: 099249057230

info@restaurant-nestl.de
www.restaurant-nestl.de

Öffnungszeiten:
Dienstag–Samstag
ab 17:00 Uhr
Sonn- und Feiertag
ab 11:00 Uhr
Ruhetag:
Montag außer an Feiertagen

Das Zwieseler Waldhaus bei Lindberg

Das Zwieseler Waldhaus liegt bei Lindberg, zwischen der sogenannten Glasstadt Zwiesel und dem Grenzort Bayerisch Eisenstein, direkt am Naturschutzgebiet Bayerischer Wald, am Wanderweg zum Großen Arber sowie am Kleinen und Großen Falkenstein. 1832 erhielt es die Schankkonzession, doch die Anfänge liegen deutlich früher, denn schon 1764 wurde das Haus als Einkehrstätte für die Salzsäumer, Förster und Waldarbeiter errichtet.

1778 ließ Johann Georg Forster das alte Waldhaus abreißen und neu errichten, erstmals mit Fremdenzimmern. Das zweigeschossige Gebäude trägt ein Schopfwalmdach mit Schleppgauben und einem kleinen Glockenturm und zeigt einen verschindelten Giebel. Nachdem in den 1980er Jahren die Übernachtungsmöglichkeiten durch einen Anbau mit 32 zusätzlichen Zimmern ausgebaut worden waren, erfolgte 1993 der letzte größere Umbau. Dabei hat man das ganze Haus leider komplett

entkernt und renoviert. Nur wenige Bestandteile im Innenraum haben diese durchgreifende Aktion überstanden wie die schweren Holzbalken in den Gaststuben. Im Februar 2014 erfolgte schließlich ein Pächterwechsel und die Landshuterin Elvira Bauer nahm sich des Zwieseler Waldhauses an, das sie selbst von ihren Urlauben her kannte.

Insgesamt kann man in vier Gaststuben, die für ungefähr 100 Gäste Platz bieten, die gutbürgerliche bayerisch-böhmische Küche genießen. So heißt es auf der eigenen Homepage: „Im Zwieseler Waldhaus ‚schmecken' die Jahreszeiten: im Sommer bayerische Brotzeiten, hausgemachte Sulzen und Leichtes aus der Vitalküche und im Winter die Klassiker der bayerisch-böhmischen Küche. Dann stehen feine Pilz- und Wildgerichte und als besonderer Tipp das ‚Pfandlessen' auf der Karte. Ganzjährig ein Muss sind die guten Mehlspeisen und die schon legendären Riesenkuchen."

Um ein stimmiges Gesamtkonzept und eine angenehme Wohlfühlatmosphäre zu schaffen, wurden alle Stuben einheitlich gestaltet. Sie sind gefliest, hell und mit tiefen rundbogigen Fensternischen ausgestattet, die in der größeren Stube mit floralen Motiven verziert wurden. Die helle Holzdecke im selben Raum wird zusätzlich noch von drei dunklen Balken getragen. Bei der Möblierung ist Wert auf Einfachheit gelegt worden. Zwischen den einzelnen Stuben gibt es keine Türen, sodass alle Bereiche, auch die Rezeption, ineinander übergehen. Die Hauptstube erschließt alle anderen Räume. Der zweite Gastraum wird vornehmlich als Frühstücksraum für die Hotelgäste benutzt. Die anderen beiden Räume eignen sich für ein Abendessen zu zweit in romantischer Atmosphäre, da sie recht klein sind und dort nur Platz für eine Eckbankgruppe oder zwei Tische ist. Im Neubau gibt es zusätzlich noch einen Tagungsraum, der unter anderem auch für Feierlichkeiten im größeren Rahmen genutzt werden kann.

Im Sommer bietet natürlich der Freisitz einen perfekten Aufenthaltsort. Hier kann man unter einem riesigen Kastanienbaum sein Bier genießen, sich von der Wanderung entspannen oder sich darauf einstimmen. Oben auf der Wiese wurde ein Abenteuerspielplatz aufgebaut. Außerdem beginnt hier auch der Wald mit dem Zugang zum Wanderweg auf den Falkenberg. Idyllisch ist es hier, inmitten der Natur und dem kleinen, aus dem Wald fließendem Bach, der stetig im Hintergrund plätschert.

Das Zwieseler Waldhaus ist eine ideale Anlaufstelle für die vielen Ausflüge, die man im Bayerischen Wald unternehmen kann: sei es für Übernachtungsgäste, für eine kurze Verschnaufpause oder für ein Abendessen. Und da das Naturschutzgebiet nicht nur im Sommer eine Menge Aktivitäten zu bieten hat, hat die Gaststätte auch im Winter für seine Besucher geöffnet.

Die Gaststube mit dem dahinterliegenden Frühstücksraum

Zwieseler Waldhaus

Zwieselerwaldhaus 28
94227 Lindberg

Telefon: 09925/902020

info@zwieselerwaldhaus.de
www.zwieselerwaldhaus.de

Öffnungszeiten:
täglich ab 10:00 Uhr
Warme Küche:
11:00–20:00 Uhr

Der Jägerwirt in Grafenau

Im idyllischen Mittelgebirge des Bayerischen Waldes liegt Grafenau, seit 1965 staatlich anerkannter Luftkurort. 1376 erhob Kaiser Karl IV. Grafenau zur Stadt, als erste im Bayerischen Wald, verbunden mit dem Recht, sich mit einer Mauer zu schützen. Gleichzeitig lag die Stadt am Goldenen Steig und war somit ein florierender Handelsposten der Säumer. Der Goldene Pfad oder die „Guldene Strass" war eine Salzhandelsstrecke von Österreich über Bayern nach Böhmen. Im 16. Jahrhundert führten verschiedene Streitigkeiten bezüglich der Salzpreise und das Verwenden von Nebenstraßen letztendlich zum Bedeutungsverlust des Goldenen Steigs. Heute ist die Stadt Dank ihrer wunderschönen Natur als Ausflugs- und Touristenort berühmt.

Gegenüber der Stadtpfarrkirche Maria Himmelfahrt steht der Traditionsgasthof Jägerwirt. Die gelbe Vorschussmauer des zweigeschossigen Satteldachbaus wird von einem Schweifgiebel, weißen Ecklisenen und Stockwerkgesims geziert. Wie alt das Gebäude genau ist und ab wann es zum Wirtshaus wurde, ist nicht genau bekannt. 1924 jedenfalls erwarb es die ortsansässige Brauerei Bucher-Bräu, die es

Der reich verzierte Ausleger

heute besitzt. Der Name Jägerwirt stammt von Karl Haydn, Pächter von 1945 bis 1959. Er und seine drei Brüder waren begeisterte Jäger, und so entstand der Name der Gastwirtschaft. Die Gaststube selbst hat mehrere Umbauphasen hinter sich. So wurde 1973 die komplette Stube renoviert und den damaligen Modeerscheinungen entsprechend umgestaltet. Zur Jahrtausendwende entschied man sich, die Räumlichkeiten wieder dem traditionellen Stil anzupassen und sich auf die historischen Werte zu besinnen. In diesem Zustand befindet sich die Gaststube noch heute. Ein relativ kleiner, offener Raum mit edlem, zugleich wohnlichem Charme begrüßt den Eintretenden. Der Raum strahlt in den warmen Farben des dunkelroten Fliesenbodens und der dunklen Holzvertäfelung Gemütlichkeit aus. Eine lange Fensterfront aus Bleiglas in unterschiedlichen, hellen Tönen bringt viel Licht in den Raum. Auf manchen Gläsern sind Jagdmotive wie ein Auerhahn oder St. Hubertus (Schutzpatron der Jagd) gestaltet. Ein Holzofen versorgt die Gaststube im Winter mit Wärme. Ursprünglich stand an

dieser Stelle ein Kachelofen, der jedoch bei den früheren Umbauarbeiten herausgerissen wurde. Ungewöhnlich für eine bayerische Gastwirtschaft sind die vielen Weinflaschen auf der Theke, auf die Wirt Alfred Süß großen Wert legt. Seit 1973 ist er im Jägerwirt zu finden und seit 1986 ist er nicht nur Koch, sondern auch Pächter.

Die neben dem Gastraum liegende Treppe führt nach oben zum Saal. Hier waren früher auch ein paar Gästezimmer und Schlafmöglichkeiten für Wirt und Bedienung untergebracht. Diese mussten ebenfalls 1973 weichen.

Auch wenn allerorts über das Aussterben der Stammtische geklagt wird, ist das hier im Jägerwirt kein Thema. Die meisten Gäste sind Stammtischler, die die gemütliche Gaststube und die persönliche Atmosphäre zu schätzen wissen. Alfred Süß ist ein Wirt, wie er sein soll: Jeden Stammgast kennt er beim Namen und pflegt ein freundschaftliches Verhältnis mit seinen Gästen. Aber auch Auswärtige und Touristen kommen genau deswegen hierher – einige schon seit Jahren. Sie genießen die entspannte und lockere Stimmung, und von manchen finden sich hier mittlerweile auch die Kinder ein. So ist der Jägerwirt in Grafenau noch ein richtiges bayerisches Wirtshaus, wie man es sich vorstellt.

Gasthaus Zum Jägerwirt

Hauptstraße 18
94481 Grafenau

Telefon: 08552-1547

Öffnungszeiten:
täglich
11:30–14:00 Uhr
17:00–22:00 Uhr
Ruhetag: Mittwoch

Der Danibauer in Falkenbach

Etwa drei Kilometer von Freyung entfernt liegt auf einer Anhöhe im Wald das beschauliche Dörfchen Falkenbach. Inmitten steht ein sorgsam hergerichteter Vierseithof mit Bauernhaus, Stadel und Gesindehaus. Das Anwesen gibt von außen nicht viel von sich preis. Nur ein auffallend gemaltes Hundertwasser-Bäumchen und die goldene Anschrift „dANiBAUER" an der Giebelseite des im Erdgeschoss unverputzten Baus mit seinem charakteristischen Flachsatteldach wecken eine leise Ahnung, was sich darin verbergen könnte. Der Ausleger daneben gibt Aufschluss: „Café Pension Danibauer Tafernwirtschaft".

Aha! Wohl schon im 11. Jahrhundert soll das Anwesen existiert haben, so wird es zumindest in Kirchenbüchern aus dem Jahr 1090 erwähnt. Vermutlich wurde es durch die Jahrhunderte hindurch als Landwirtschaft geführt. Und schon recht früh muss der Hof auch zu seinem Namen Danibauer gekommen sein. Dieser leitet sich vom Vornamen Anton ab, niederbairisch „da Dani". Seit etwa 1660 steht der Danibauer-Hof im Besitz der Familie Gruber, die ihrerseits schon seit dem 16. Jahrhundert in Falkenbach ansässig ist. Freilich – eine Tafernwirtschaft (siehe S. 179) war der Hof nie.

Bis in die 1960er Jahre betrieb die Familie noch einen Bauernhof auf dem Anwesen. Allerdings erlebte das Haus im Laufe der Jahre auch schlechte Zeiten, denn als Hanns Gruber den alten Hof

Unverzichtbar: das Bankerl vor der Haustür und Hofhund Wawe

zu Beginn der 1970er Jahre erbte, glich er mehr einer Ruine als der gepflegten Naturpension, die er heute ist. Also widmete sich der Gruber-Hanns – übrigens langjähriger Heimatpfleger in der Region Freyung – mit viel Sorgfalt und Liebe zum Detail der fachkundigen Sanierung und Instandsetzung des altehrwürdigen Gehöfts. 1978 heiratete er Eva Gibis – heute die Danibäuerin und selbst Tochter eines Dorfwirts, Metzgers und Viehhändlers – und betrieb mit ihr zusammen zunächst eine Pension in den nun wieder hübsch hergerichteten Räumlichkeiten. Die Idee, ein Wirtshaus aufzumachen, kam mit den Besuchern aus der nahegelegenen Reha-Klinik. Oft und gern kamen die Patienten zu Kaffee und Kuchen vorbei und weckten in Eva Gruber den Wunsch, wieder mehr Leben in die gute Stube zu bringen. Warum also nicht? 1989 war es schließlich so weit, und die Türen des Danibauer Hofs öffneten sich für Genussfreudige von nah und fern.

Zwar ist der Danibauer damit kein alteingesessenes Wirtshaus im herkömmlichen Sinne – aber jedes Wirtshaus ist irgendwann einmal entstanden.

Eva Gruber trifft mit ihrer Besinnung auf traditionelle Werte, mit ihrer Wertschätzung regionaler Naturprodukte und mit ihrer Liebe zum Handgemachten genau den Kern dessen, was die Seele eines Dorfwirtshauses ausmacht. Und mit Fug und Recht kann man behaupten, dass der alte Bauernhof durch sie eine außergewöhnliche Wiedergeburt erfahren hat.

Der 2005 mit einem Sonderpreis ausgezeichnete romantische Innenhof

Tritt man durch die Tür in der hohen Holzwand, die den Hof umgibt, so wird man von einer Idylle empfangen, wie sie schöner und ursprünglicher kaum sein kann: Vor dem Haus mit seinem Schrot – einem langen Balkon mit gedrechselter Balustrade – und auf der anderen Seite vom hölzernen Knechtenhäusl begrenzt, öffnet sich der ruhige Innenhof. Einladende Holzmöbel, blühende Natur und das stetige Plätschern des Quellbrunnens fügen sich zu einem Bild ländlicher Beschaulichkeit. Nicht umsonst trägt er die Auszeichnung „Romantischster Innenhof des Landkreises Freyung". Das granitene Türgewände des Hauseingangs trägt die Jahreszahl 1858 und die Initialen LG – Ludwig Gruber. In Gold wurde dieses Andenken wieder hervorgehoben. Das weiße Tonnengewölbe des Hausgangs, die mit Bauernmalereien verzierte Hochzeitstruhe und alte Möbel versetzen den Gast zurück in eine andere Zeit. Die Treppe führt hinauf zu den individuell gestalteten und zum Teil historischen Gästezimmern, wo manche treue Gäste sogar schon in vierter Generation beherbergt werden; die ideale Ruheoase, um sich von einer Wanderung im Bayrischen Wald zu erholen! Unten vom Fletz (Flur) aus wird übrigens auch der handgesetzte Kachelofen in der rechts liegenden Stube beheizt. Blickfang dort ist die nahezu schwarze Balkendecke auf zwei eindrucksvollen Unterzügen. Seit Jahrhunderten schon trägt sie das Obergeschoss. Fünf Tische, eine schlichte umlaufende Bank und massive Stühle mit gerundeten Lehnen bieten dem Gast einen gemütlichen Platz zum Verweilen und Genießen. Stilsicher und mit dem Blick fürs Detail ging man an die Einrichtung der Bauernstube; der ursprüngliche bäuerliche Charakter der Stube kommt so in authentischer und unprätentiöser Weise zur Geltung. Den beinahe mannsgroßen Corpus Christi links neben der Tür bewahrte Hanns

Die Gaststube und das alte Gewölbe

Gruber vor dem Schicksal, als Brennholz zu enden. Er stammt von einem abgerissenen Flurkreuz und wurde für unbrauchbar befunden. Gruber erwarb ihn gegen eine Spende für den Klingelbeutel und übergab ihn den fachmännischen Händen eines Kirchenrestaurators.

Eingerahmt wird die Jesusfigur von vielen filigranen Hinterglasbildern mit den Darstellungen verschiedener Heiliger, angefertigt von Hanns Grubers Tante. Überall zeigt sich die große Wertschätzung regionaler Kultur und Natur: Lammfelle, handgewebtes Leinen und kunstfertige Lampenschirme aus lokalen Glasbläserwerkstätten verleihen der Stube ihr unverwechselbares Gesicht. Unbedingt einen Blick wert ist auch das alte Kellergewölbe: ein unverputztes Tonnengewölbe mit maßgefertigter Holzeinrichtung; die allesamt unterschiedlichen Lampenschirme sind wiederum Kunsthandwerk aus österreichischen Künstlerwerkstätten, und historische Bilder und Schriften aus dem Fundus des Heimatpflegers lassen die Wände Geschichten erzählen. An den Haken am Scheitelpunkt der Decke wurden früher Fleisch und Brot aufgehängt. Warum? Mäuse und Ratten konnten die steile Gewölbewand nicht erklimmen, die Lebensmittel waren vor ihnen sicher. Heute wird hier vor allem gefrühstückt (ohne Nager) oder Musiker und Autoren geben ihre Kunst zum Besten.

Mit ihrer herzlich und sehr persönlich geführten Naturpension hat Eva Gruber einen Rückzugsort für jedermann geschaffen; eine Heimkehr fernab des Alltags und gleichzeitig eine Liebeserklärung an den Bayrischen Wald. Die Zutaten für ihre hingebungsvoll zubereiteten, regionalen Köstlichkeiten bezieht sie von Selbstvermarktern aus der Umgebung – schließlich ist sie mit Leib und Seele Mitglied der Slow-Food-Vereinigung (siehe S. 163) und wurde dafür als erstes und einziges Haus im Bayerischen

Wald mit der Slow-Food-Schnecke ausgezeichnet. Und auch die herrlichen Kuchen, mit denen ja alles angefangen hat, werden täglich von der Danibäuerin frisch gebacken.

Der Danibauer-Hof in Falkenbach verkörpert vor allem einen interessanten Ansatz: Tradition ist eben nicht die Anbetung der Asche, sondern die Weitergabe des Feuers!

Danibauer

Falkenbach 2
94078 Freyung

Telefon: 08551-4283

info@danibauer.de
www.danibauer.de

Öffnungszeiten:
Mittwoch–Freitag
15:00–23:00 Uhr
Wochenende/Feiertage
12:00–23:00 Uhr
Ruhetag: Montag–Dienstag

Die Alte Post in Herzogsreut

Der Gasthof Alte Post in Herzogsreut, einem Ortsteil der Gemeinde Hinterschmiding im Landkreis Freyung-Grafenau, ist seit über 350 Jahren ein Einkehrort für Gäste von nah und fern – und damit auch eines der ältesten Häuser des Dorfes.

Herzogsreut wurde 1618 vom Passauer Fürstbischof Leopold Erzherzog von Österreich am Goldenen Steig gegründet. Grund war der Aufstand der böhmischen Stände – der Beginn des Dreißigjährigen Krieges –, gegen die der Goldene Steig und die Grenze gesichert werden mussten. Der Ort ist als Waldhufendorf angelegt, was bedeutet, dass entlang der Straße durch Rodung (roden hieß in der damaligen Sprache „reuten") Plätze für die Gehöfte (Hufen oder Huben) entstanden, die durch Abholzung des dahinterliegenden Waldes erweitert werden konnten. Aus der Luft ist Herzogsreut noch heute die hierfür charakteristische lang gezogene Form anzusehen.

Ursprünglich zählte die neugegründete Ortschaft 18 Siedler. 1625 wütete die Pest in der Gegend, wodurch das Dorf beinah ausstarb (in Hinterschmiding lebte eine Zeit lang nur noch ein einziger Mann). Etwa seit dieser Zeit gibt es den Gasthof Zur Alten Post an der Hauptstraße, urkundlich belegt erstmals im Jahr 1651. Nachdem Krieg und Pest überstanden waren, wurde im Jahr 1685 das Schankrecht festgeschrieben. Damals war das Gasthaus ein wichtiger Anlaufpunkt für die Salzsäumer auf ihrem Weg von Winterberg nach Passau. Später wurde eine Posthalterei eingerichtet, und wieder gastierten Reisende hier. Der Name ist dem Wirtshaus ebenso geblieben wie seine Funktion als viel

Die Alte Post mit verschindeltem Obergeschoss und langem Balkon, genannt Schrot

Die Wirtin in der Küche – beinahe wie zu Großmutters Zeiten

besuchter Ort der Einkehr und Erholung, für Einheimische wie für Urlauber, die im Sommer zum Wandern oder im Winter zum Langlauf in den Bayerischen Wald kommen und in der Pension von Maria Lenz-Krumenacker Quartier nehmen.

Seit 1996 führt die Wirtin in vierter Generation das Gasthaus, das ihr Urgroßvater Franz Josef Lenz im Jahr 1886 erwarb. Schon ihre Großmutter begann damit, den Pensionsbetrieb auch für Urlauber attraktiv zu machen, und nahm vor dem Zweiten Weltkrieg Sommerfrischler des nationalsozialistischen Freizeitprogramms „Kraft durch Freude" auf. Damals befanden sich Fremdenzimmer und Wirtswohnung im Haus über der Gaststube.

1996 ließ Maria Lenz-Krumenacker das Anwesen nach hinten um einen Anbau erweitern, in dem heute die Gästezimmer untergebracht sind. So konnte auch das denkmalgeschützte Gebäude in seinem nahezu ursprünglichen Zustand erhalten werden.

Einen imposanten Eindruck macht das Gasthaus in Blockbauweise mit seinem verschindelten Obergeschoss und dem flachen Satteldach. Das Türgerüst trägt die Jahreszahl 1825 und die Initialen CP und BP, die auf das frühere Besitzerehepaar Caspar und Barbara Plöchl verweisen.

Durch die originale Holztür tritt man in den mit Natursteinen ausgelegten Hausflur. Links geht es in die Stube; neben der Tür gibt es noch immer die Durchreiche der früheren Gassenschänke. In der Gaststube ist fast alles noch so, wie es die Wirtin von ihrer Mutter übernommen hat. Das alte Eichenparkett leistet wie ehedem seine Dienste. Die halbhohe Täfelung der Wände in sattem Braun stammt ebenfalls aus Großmutters Zeiten und der Kachelofen aus den 1930er Jahren wärmt heute noch die gute Stube. Knapp unter der Decke hängend werfen die Lampen ihr Licht nach oben. Zum Kartenspielen ist das natürlich ganz schlecht. „Wer sich das wohl ausgedacht hat?", wunderte sich auch die Wirtin.

In einer Vitrine bewahrt sie ein besonderes Schmuckstück aus der Geschichte der Alten Post auf: eine originalgetreue Miniaturnachbildung eines Säumerfuhrwerks, die vermutlich aus dem 17.

Jahrhundert stammt. Die geschnitzten Hirschköpfe und die alte Pendeluhr stammen von der Oma und auf großformatigen Porträts sind die Großeltern und andere Vorfahren noch immer präsent.

Nicht nur in der Stube, auch in den anderen Räumen wird das Andenken an die Familie hochgehalten. In dem mit dem Saal verbundenen Nebenraum rechts des Hausflurs führt eine eindrucksvolle Galerie der Familien Greiml und Lenz die Abfolge der Wirte durch die Jahrzehnte vor Augen. Früher war in diesem Gebäudeteil wohl einmal die Pferdestallung untergebracht. Heute aber gehört der Saal ganz den ortsansässigen Vereinen. Beim Rosenmontagsball kommt hier das ganze Dorf zusammen.

Viele Geschichten in und um das Haus gäbe es zu erzählen. So bemerkt mancher Besucher wohl auch die kleine Kapelle, die rechts neben dem Wirtshaus ein Stück die Straße abwärts am Rand der Wiese steht. Franz Greiml, einer der früheren Besitzer des Hauses, stiftete sie im Jahr 1861. Er war unter ein Pferdefuhrwerk geraten und wäre beinah zerquetscht worden. Da ihm aber nichts passierte, errichtete er zum Dank das kleine Bethaus.

Ein ganz besonderes Erbstück beherbergt die Wirtin Maria in der Küche: Es ist der alte Holzofenherd, auf dem schon die Oma ihre Besucher bekocht hat. Benutzt wird er auch heute noch. Den dort entstandenen Schweinsbraten kann man sich auf jeden Fall schmecken lassen.

Die original erhaltene Kasse eines Säumers im Besitz der Familie

Der Goldene Steig

Der Goldene Steig ist eine alte Handelsroute, deren Glanzzeit im 16. Jahrhundert lag. Ihre erste Erwähnung lässt sich aber bereits im Jahre 1010 finden. Salz war im Mittelalter eines der wichtigsten Handelsgüter, da es zum Konservieren von Fleisch benötigt wurde. Die kostbare Fracht aus den Salinen in Reichenhall und Hallein wurde auf der Donau per Schiff nach Passau gebracht und von dort aus über den Landweg weiter verfrachtet. Bis zu 1200 Pferde waren wöchentlich auf diesen Pfaden drei Tage lang unterwegs, um das „weiße Gold" nach Böhmen zu bringen. Drei Hauptwege gab es, die von Passau nach Prachatitz, Winterberg und Bergreichenstein führten. Im Gegenzug brachten die Händler, sogenannte Säumer, auf ihrem Rückweg Getreide mit. Im Laufe der Zeit sorgte die Handelsstrecke für großen Wohlstand in einigen Städten, woraus sich auch der Name ‚Goldener' Steig erklären lässt. So hat unter anderem Waldkirchen als beliebter Übernachtungsort für die Säumer davon profitiert. Als im 16. Jahrhundert Böhmen an die Habsburger fiel, begann der Niedergang des Goldenen Steigs. Drastische Einfuhrzölle sollten die Abnahme aus den eigenen Salinen gewährleisten. Auch die dadurch entstandenen Nebenpfade trugen zum Verfall des Goldenen Steigs bei. Heute ist er ein beliebter Wanderweg.

Wenn unser Lockruf Sie neugierig gemacht hat und Sie Appetit bekommen haben, wären noch die Öffnungszeiten beachten: Die Alte Post hat nämlich nur von Donnerstag bis Sonntag regelmäßig geöffnet. Montag bis Mittwoch ist (meistens) geschlossen. Es empfiehlt sich, vorher anzurufen; die herzliche Wirtin gibt gern Auskunft.

Katharina und Franz Greiml, verewigt im Dachstuhl

Gasthaus Zur Alten Post

Hauptstraße 43
94146 Hinterschmiding

Telefon: 08550-287

Öffnungszeiten:
täglich
08:00–23:00 Uhr
Küche
11:00–17:00 Uhr

Wirtshaus zur Emerenz in Waldkirchen-Schiefweg

*Ich sah den Wald im Sturmgebraus,
Vom Winter tief umnachtet,
Die Tannen sein in wirrem Graus
Vom Nord dahingeschlachtet.
Und lieben mußt ich ihn noch mehr,
Ihn meiden könnt ich nimmer.
Schön ist er, düsterschön und hehr,
Und Heimat bleibt er immer.*
Emerenz Meier

Obwohl die Bayerwalder Volksdichterin ihre Heimat so innig liebte, folgte sie im Jahr 1906 im Alter von 32 Jahren zusammen mit ihrer Mutter dem Rest der Familie nach Amerika. Den ihr so lieben Bayerischen Wald sollte sie nicht wiedersehen, denn sie verstarb mit 53 Jahren in ihrer neuen Heimat Chicago, ohne noch einmal nach Hause zurückgekehrt zu sein.

Ihr Geburtshaus im Waldkirchener Ortsteil Schiefweg steht noch immer und hat in den letzten Jahren eine umfassende und fachkundige Wiederbelebung erfahren. Bereits seit dem 18. Jahrhundert prägt das giebelständige Bauernhaus mit dem teilweise verschindelten Obergeschoss in Blockbauweise den Dorfplatz von Schiefweg. Emerenz Meiers Vater betrieb hier auch eine kleine Gastwirtschaft, in der die Schriftstellerin schon als junges Mädchen mithalf.

Nachdem die Familie Schiefweg endgültig den Rücken gekehrt hatte, verfiel das Anwesen, bis es im Jahr 2000 schließlich einer Ruine glich und abgerissen werden sollte. Der 1997 gegründete Emerenz-Meier-Haus-Verein jedoch nahm sich des Gebäudes an, und in enger Zusammenarbeit mit dem Bayerischen Landesamt für Denkmalpflege wurde das Haus nicht nur erhalten, sondern auch aufwändig und mit viel Feingefühl saniert. Heute strahlt das alte Bauernhaus wieder in neuem altem Glanz und hat dabei nichts von seinem historischen Charme eingebüßt.

Seit dem Jahr 2010 gibt es im Obergeschoss das Auswanderer-Museum „Born in Schiefweg", das anhand der Geschichte von Emerenz Meier eindrucksvoll das Schicksal vieler Auswanderer aus dem Bayerischen Wald in die Neue Welt veranschaulicht. Freilich wird auch das Leben der Heimatdichterin selbst sowie ihre herausragende Stellung in der bayerischen Literaturlandschaft porträtiert. Im Erdgeschoss des Hauses wird seit 2001 wieder ein Wirtshaus betrieben. Seit 2012 kümmert sich das Pächterehepaar Unterleitner hingebungsvoll um das ehrwürdige Baudenkmal.

Nähert man sich dem Haus, so ist man zunächst verdutzt, an der Dorfstraße einen restaurierten Schiffsbug und einen Anleger vorzufinden. Schiffe, mitten im Bayerischen Wald? Mitnichten, denn schon hier wird der Besucher auf das Thema Auswandern aufmerksam gemacht und seine Neugierde geweckt. Dahinter eröffnet sich der wunderschöne Bauerngarten, der Lust auf mehr macht. Vorbei an Obstbäumchen und einladenden Sitzgelegenheiten gelangt man zur metallbeschlagenen alten Holztür. Dahinter erwartet den Gast der Hauch einer anderen Zeit.

Man findet sich in einem gewölbten Hausgang wieder. Direkt am Eingang ist der ursprüngliche Steinboden von einer Glasfläche unterbrochen: Ein acht Meter tiefer Brunnenschacht führt hier in die Tiefe. In der Gewölbedecke verankert sind noch immer die Eisenringe, die zu Zeiten der Landwirtschaft zum Anbinden der Pferde und Ochsen dienten. Links gelangt man in die „Marktrichter-Stube" – früher die Gaststube, heute ein Nebenraum. Rechts befindet sich das heutige Gastzimmer, die „Emerenz-Stube". Beherrscht wird der Raum von der beinahe schwarzen Balkendecke, getragen von zwei mächtigen Unterzügen. Sie gehört zum originalen Bestand des Gebäudes und wurde erst bei den Renovierungsarbeiten entdeckt. Mit Bedacht und Vorsicht ging man bei der Instandsetzung vor, und so wurde in beiden Stuben ein Dielenboden verlegt, der dem Charakter der Räume in authentischer Weise entspricht. Auch bei der Auswahl der Möbel entschied sich der Verein für schlichtes helles Holz in zeitloser, geradliniger Ausführung. Wohlweislich wurden an den Wänden nur einige Bilder der Autorin angebracht. Die stimmige Einrichtung überzeugt durch bäuerliche Einfachheit und Bescheidenheit.

Rechts hinter der Theke vorbei gelangt man in den alten Krautkeller. Durch eine kleine Luke wurden einst Kartoffeln und Kraut zur Lagerung eingeworfen. Heute ist in dem winzigen Gewölbe gerade Platz für einen Tisch; für ein Essen im kleinen Kreis bietet sich hier ein trefflicher Rückzugsort.

Ganz im Zeichen der Schriftstellerin steht das Wirtshaus besonders dann, wenn Dr. Hans Göttler in der Stube aus den Gesammelten Werken der Emerenz Meier liest. Doch nicht nur für solche Veranstaltungen wird das Gasthaus genutzt: Häufig lädt das kunstaufgeschlossene Ehepaar Unterleitner auch andere Autoren zu Lesungen ein oder bietet einen Auftrittsort für Musiker.

Emerenz Meier
(* 3. Oktober 1874 in Schiefweg, † 28. Februar 1928 in Chicago)

Emerenz Meier wurde als eines von acht Kindern des Ehepaars Josef und Emerenz Meier geboren; ihr Vater war Bauer, Viehhändler und Gastwirt. Schon früh interessierte sich die junge Emerenz für Literatur und die großen Dichter und begann bald, selbst Gedichte und kurze Geschichten zu verfassen. In ihrem von harter Arbeit, bescheidenen Lebensverhältnissen und der Versorgung einer Großfamilie geprägten dörflichen Umfeld fand diese Neigung kaum Anerkennung, eher verspottete man sie als „narrische Verslmacherin". Davon ließ sich die junge Schriftstellerin jedoch nicht beirren, sondern versuchte weiterhin, sich von überkommenen Traditionen und Konventionen zu emanzipieren, und prangerte in ihren Werken soziale Missstände und Ungerechtigkeiten an. 1897 wurde in Königsberg ihr einziges Buch „Aus dem bayerischen Wald" verlegt.

Ab 1900 lebte Emerenz Meier jeweils für kurze Zeit in den Städten Würzburg, München und Passau. 1906 folgte sie mit ihrer Mutter dem Vater und einigen ihrer Schwestern, die schon früher nach Amerika ausgewandert waren. Der erhoffte Erfolg stellte sich in der Neuen Welt jedoch nicht ein und zudem fehlte ihr die Heimat, der Bayerische Wald, als Inspirationsquelle. 1928 starb Emerenz Meier an den Folgen einer Nierenentzündung.

Heute gilt sie als bedeutende naturalistische Volksdichterin des Bayerischen Waldes.

Besonders durch das Museum hat das Haus mittlerweile einige Bekanntheit erlangt. Literaturinteressierte und Heimatliebhaber kommen bis aus München oder Passau, um die Ausstellung zu besuchen, und verbinden dies meist mit der Einkehr zu Speis und Trank. Dennoch ist das Wirtshaus ein echtes Dorfwirtshaus geblieben, in dem sich auch die Schiefweger Damen oder der Obst- und Gartenbauverein zu vergnüglichen Treffen einfinden. Und wie schon die ganze Dorfgemeinschaft zur Sanierung ihren Teil beitrug, so besucht sie auch jetzt voller Stolz „ihr" Wirtshaus zur Emerenz.

Eine klare Empfehlung also, denn in Schiefweg hat dieser Zusammenhalt nicht nur ein Haus, sondern auch dessen Seele bewahren können. Und nach einem Besuch des Museums (etwa zwei Stunden sollte man dafür einrechnen) ist man bei Familie Unterleitner mit ihren österreichischen Spezialitäten – die übrigens ohne Fritteuse zubereitet werden! – auch kulinarisch in besten Händen.

In den alten Krautkeller passt gerade mal ein Tisch; er ist daher für vertraute Runden besonders geeignet

Wirtshaus zur Emerenz

Dorfplatz 9
94065 Waldkirchen/Schiefweg

Telefon: 08581-989190

Öffnungszeiten:
Mittwoch–Sonntag
und Feiertage
11:00–24:00 Uhr
Warme Küche
11:00–14:00 Uhr
17:30–21:00 Uhr

Gasthof Lamperstorfer in Waldkirchen

Im östlichsten Niederbayern liegt die Stadt Waldkirchen, die jüngste und zugleich größte Stadt im Landkreis Freyung-Grafenau. Erst bei der Gebietsreform 1972 ist der frühere Markt zur Stadt erhoben wurden. Erstmals wurde Waldkirchen 1203 als „Kirche im Wald" in der Reiseabrechnung eines Pfarrers erwähnt. Die Nähe zum Goldenen Steig brachte zwar Wohlstand, gleichzeitig drohte Gefahr durch wiederkehrende Überfälle der Böhmen auf die Handelsstraße. Daher wurde 1460 eine Ringmauer errichtet, von der noch Teile stehen, während ein weiterer Teil aus touristischen Gründen rekonstruiert wurde. Zu den Wahrzeichen der Stadt gehören die so genannten Radabweiser (Prellsteine zum Schutz von Gebäudeecken) am Marktplatz. Mitte des 19. Jahrhunderts schuf Steinmetz Matthias Hausbäck auf seinem Radabweiser eine männliche Figur und bemalte sie in Biedermeiertracht. Im Ort heißt sie „der ewige Hochzeiter" oder „stoanerner Hans". Im Laufe der Zeit kamen acht weitere Figuren hinzu, die letzte 2012. Wer weiß, vielleicht folgen weitere?

Die Figur eines Wirtes (siehe S. 150) steht seit 2000 vor dem Traditionsgasthof Lamperstorfer, schon seit 1863 Wirtshaus. Der Name stammt von der Wirtsfamilie, die seit Anfang an das Wirtshaus betreibt und sich der Aufgabe verschrieben hat, einen typischen Gasthof zu erhalten. Das tut mit großem Erfolg Hans Lamperstorfer seit 1977. Mit viel Persönlichkeit und Arrangement umsorgt er seine Gäste. So bietet er immer wieder Besonderheiten und Attraktionen an, wie Ritteressen im historischen Gewölbekeller, Zubereitung von Weißwürsten vor den Augen der Gäste (für Gruppen und nur nach Anmeldung), donnerstags Biergartenmusik oder spezielle Angebote für Hotelbesucher mit Candle-Light-Dinner, Weißwurstfrühschoppen, Frühstück ans Bett und einiges mehr.

Die 1992 eingerichtete Gaststube ist einladend und gemütlich, die Decke mit Kassetten, die Wände halbhoch verkleidet. Die große Stube gliedert ein Raumteiler, mit Doppelsitzbänken im vorderen, mit Wandbänken im hinteren Bereich. Es fehlt auch nicht der Herrgottswinkel, den es früher in vielen ländlichen Wirtshäusern gab.

Der Keller mit dem Böhmischen Gewölbe wurde in dieser Form erst bei Renovierungsarbeiten 1979 entdeckt. Gerne wird er für private Veranstaltungen genutzt. Auch öffentliche Feste finden hier statt: So treffen sich unten die Waldkirchner alljährlich zum lustigen Treiben am 5. Januar zur traditionellen Raunacht.

Und noch etwas Besonderes gibt es in der Gastwirtschaft: Nämlich den Blick in die Speisekarte! Hans Lamperstorfer wartet mit traditionellen, heute nicht mehr so häufig angebotenen Speisen

Die Gaststube in ihrer bayerischen Pracht

auf. Bei wechselnder Tageskarte kann sich der Wirt und Koch nicht nur in der Küche austoben, sondern seinen Gästen zeigen, was richtige bayerische Hausmannskost ist. So stehen Gerichte wie gebackener Kalbskopf, Essigfleisch, Kronfleisch mit Lampi-Wirsing, Böfflamott mit Brezenknödel, Lüngerl und noch vieles mehr auf dem Programm.

Wer nun Lust bekommen hat auf bayerisches Essen und einen Wirt, der seine Gäste ganz nach dem Motto „Sie kommen als Fremder und gehen als Freund" bewirtet, der sollte auf jeden Fall in Waldkirchen im Gasthof Lamperstorfer vorbeischauen.

Hotel-Gasthof Lamperstorfer

Marktplatz
94065 Waldkirchen

Telefon: 08581-1000

gasthof@lamperstorfer.de
www.lamperstorfer.de

Öffnungszeiten:
täglich
07:00–24:00 Uhr

Wirtsfigur und Radabweiser am Gasthof

Gidibauer in Hauzenberg

Hauzenberg, die kleine Stadt im nördlichen Landkreis Passau, ein staatlich anerkannter Luftkurort, zeichnet sich ebenso durch ihre Lage in der weiten Hügellandschaft des südlichen Bayerischen Waldes wie auch durch ihr vielfältiges Freizeitangebot aus. Neben Wandern und Mountainbiken bietet Hauzenberg einen Kurpark und für Kinder den Rocco-Park, der unter anderem mit einer Skater- und Fahrradanlage aufwartet. Auch im Schnaps- und im Dinkelbiermuseum, im Granitzentrum Bayerischer Wald oder im Graphit-Besucherbergwerk kommen die Gäste auf ihre Kosten: Hauzenberg war einst führend in diesen Industriezweigen. Daher ist es nicht verwunderlich, dass heute noch viele Gebäude in und um Hauzenberg aus Granit bestehen und nicht wie sonst im Bayerischen Wald aus Holz. Bisweilen gibt es überaus reiche Granitportale mit Säulen und Pilastern an einfachen Bauernhäusern.

Für Wirtshauspilger ist ein Besuch beim Gidibauer obligatorisch, wo man nicht nur gut essen, sondern auch übernachten kann. Der Vierseithof in Granitquaderbauweise liegt idyllisch auf einer kleinen Anhöhe inmitten von Feldern und Grünflächen. Beste Voraussetzungen also für einen erholsamen Aufenthalt.

Früher war die Anlage ein Bauernhof, der zwischen 1729 und 1955 stetig wuchs. Die Tradition begann mit Johann Ertl, der 1782 das Anwesen von Ägidius Nöpauer erwarb. Seitdem ist es im Besitz der Familie Ertl. Vom ursprünglichen Besitzer leitet sich auch der Name des Hofs ab, da er von allen nur Gidibauer (Gidi steht für Ägidius) genannt wurde. 1988 renovierte die Familie Ertl das alte Haus und baute es zu einem Landgasthof mit Hotel im gehobenen Stil um. Viel Wert wurde dabei auf den Erhalt der historischen Bausubstanz und des charakteristischen Aussehens gelegt. Die Umbauten geschahen bis zur Eröffnung 1996 nach und nach. Über den alten Ställen wurden auf zwei Stockwerken elf Hotelzimmer geschaffen, großzügig mit Naturmaterialien ausgestattet; die Ställe selbst wurden umfunktioniert: So dient der alte Kuhstall

Tisch, dessen Schublade mit der Jahreszahl 1839 verziert ist

nun als großer Saal, der bis zu 120 Personen Platz bietet. Der frühere Ochsenstall ist ein Restaurant bzw. Tagungsraum, die einstige Krautstube und die alten Wohnräume der Familie – die heutige „Bauernstube" und das „Sissi-Zimmer" – wurden zu Gaststuben umgebaut. Die „Bauernstube" strahlt Atmosphäre aus durch ihre dunkle Bohlenbalkendecke und eine hellere halbhohe Wandvertäfelung. Die Dekoration ist schlicht gehalten. Schmuckstücke sind der honigfarbene Kachelofen an der Stelle des früheren Kochherdes und ein Tisch, dessen Schublade mit der Jahreszahl 1839 verziert ist.

Das angrenzende „Sissi-Zimmer", das ehemalige Schlafzimmer der Tante, erhielt seinen Namen von dem großen Bild der berühmten österreichischen Kaiserin. In beiden Stuben zeugen die sehr kleinen Doppelfenster von der damals üblichen Bauweise.

In jedem Raum finden sich Spuren der früheren Nutzung, so auch im Eingangsbereich mit seinem Gewölbe oder in der „Krautstube", die Platz für zwölf Personen bietet. In der 2011 eingerichteten „Ochsenstube" sind entsprechend kleine Fenster eingebaut. Hier sitzt man zwischen den an der Wand stehenden Granitsäulen, wo früher die Ochsen angekettet waren. So erzählt jede einzelne

Ehemaliger Wohnraum der Wirtsfamilie, heute Gaststube

Stube eine andere und ganz eigene Geschichte. Natürlich kann man auch auf der Terrasse im großen, begrünten Innenhof sitzen.

Der ganze Hof wurde mit viel Stilsicherheit, Geschick und Gespür für Gemütlichkeit und Entspannung, mit Sinn für Natur und Tradition renoviert, weshalb der Gidibauer eine so besondere Atmosphäre ausstrahlt. Daher sollte man einfach selbst vorbeischauen, die Landschaft und das Haus auf sich wirken lassen und ein paar glückliche Stunden dort verbringen: Die angenehm un-

aufgeregte Speisekarte bietet Köstliches. Es kocht der Juniorchef mit seinem Team – der Erfolg zeigt sich an zahlreichen Auszeichnungen (Varta, Aral, DuMont) und daran, dass das Haus unter anderem vom „Feinschmecker" in einer Sonderausgabe über die 300 besten Landgasthäuser in Deutschland hervorgehoben wurde.

Gidibauer-Hof Naturhotel- und Restaurant

Grub 7
94051 Hauzenberg

Telefon: 08586-96440
landgasthaus@gidibauer.de
www.gidibauer.de

Öffnungszeiten:
Dienstag–Sonntag
11:30–13:30 Uhr
17:30–21:00 Uhr
Ruhetag: Montag

Gasthof Edlfurtner in Thyrnau

Nahe der Grenze zu Oberösterreich, in den südlichen Ausläufern des Bayerischen Waldes, besteht seit dem 13. Jahrhundert die Ortschaft Thyrnau. Damals wurde sie als Turna, Tiena oder Tuna bezeichnet, was sich vermutlich vom mittelhochdeutschen turn (Turm) herleitet. Bis zum ausgehenden 15. Jahrhundert war die Hofmark der Herrschaftssitz Watzmannsdorfer Adliger, deren Andenken sich bis heute im Thyrnauer Wappen erhalten hat: Es zeigt die Watzmannsdorfer Distel, golden auf schwarzem Grund, vierblättrig mit eingekerbten Rändern und einer Samenkapsel in der Mitte; auf einem kurzen Stiel wächst sie aus einem Dreiberg.

Der Arkadengang im Nebenflügel und der Saal mit Stuckdecke

1495 ging ein Teil von Thyrnau samt der damaligen Burg an das Geschlecht der Pschächel aus der Region um Vilsbiburg über. Von der letzten Pschächel-Witwe gelangten Burg und Ländereien 1559 in den Besitz von Benedikt Schätzl. 1692 kaufte der Passauer Fürstbischof Johann Philipp Graf von Lamberg das Gut und die übrigen Schätzel-Besitztümer, woraus das Amt Thyrnau des Hochstifts Passau entstand (unter einem Hochstift verstand man bis 1803 den weltlichen Herrschaftsbereich eines Bischofs). Im Zuge der Säkularisation 1803 ging der Besitz an Ferdinand von Toskana, 1805 an Bayern.

Die alte Burg ließ Fürstbischof Raymund Ferdinand von Rabatta, der Nachfolger von Johann Philipp von Lamberg, 1714 abreißen und an ihrer Statt ein neues Schloss errichten. Dieses wurde später von Fürstbischof Leopold Ernst von Firmian zu einem Jagdschloss ausgebaut. Nach der Säkularisation wechselte das Schloss häufig den Besitzer, wurde Bräu- und Wirtshaus und verlor seinen einstigen Prunk. 1902 kauften Zisterzienserinnen aus Frankreich das ehemalige Schloss und richteten sich dort ein. Bis heute leben Zisterzienserinnen hier in Thyrnau und sind vor allem durch ihre schönen Paramentarbeiten auch im weiteren Umkreis bekannt.

Zum Schloss gehörte früher auch eine Hoftaverne, in der die fürstliche Gesellschaft nach der Jagd gern und häufig illustre Feste feierte. Das Wirtshaus gibt es noch als Gasthaus Edlfurtner. Der zweiflügelige Bau steht im Kern wohl seit dem Ende des 17. / Anfang des 18. Jahrhunderts. Der Nebenflügel mit den malerischen Arkadengängen ist wahrscheinlich sogar noch 100 Jahre älter. Einen angenehmen Anblick bietet das lang gestreckte, traufseitige Gebäude mit der weißen Fassade, den blauen Fensterläden im Obergeschoss und dem Krüppelwalmdach mit seinen Fledermausgauben.

Der gewölbte Eingangsbereich wird von einer mächtigen Granitsäule in der Mitte getragen. Eine alte Tür mit Butzenglas führt rechts in die gemütliche Gaststube. Hier zeigt sich noch das Bild eines ursprünglichen Dorfwirtshauses: abgetretene braune Fliesen, eine umlaufende Sitzbank, massives Mobiliar und Kupferlampen. Freilich darf auch der Herrgottswinkel nicht fehlen, den es früher in sehr vielen ländlichen Wirtshäusern gab. Unterzüge tragen die lackierte Holzdecke.

Während das „normale Volk" früher hier unten einzukehren hatte, gab sich die bessere Gesellschaft oben im herrschaftlichen Saal dem Genuss und dem Tanz hin. Entsprechend feudal erwartet das Obergeschoss auch heute seine Gäste. Schon der Rahmen der Zugangstür ist auf der Innenseite mit einer aufwändig gestalteten Türbekrönung geschmückt. Durch eine weiße Flügeltür betritt man den Saal, in dem rund 120 Gäste Platz finden. Sogleich fällt die prächtige Stuckdecke ins Auge, die mit Hohlkehlen von der Wand abgesetzt ist und deren edles Gepräge von den Kristalllüstern unterstrichen wird. Barocke Gemälde, die aus dem Inventar des Schlosses stammen könnten, zeigen Jagdszenen, religiöse Motive, Musikstillleben und ein Portrait des Fürstbischofs im geschnitzten Holzrahmen. Beinahe spürt man selbst die heitere Stimmung, die einst bei den fürstlichen Gelagen hier geherrscht haben mag. Maßgebliche Beteiligung an der Ausstattung des Raumes hatte das Bayerische Landesamt für Denkmalpflege, das mit großer Sorgfalt daran arbeitete, diesen authentischen Eindruck zu erhalten. Zwei kleinere Nebenräume gibt es auch noch. Die Raumgestaltung setzt sich entsprechend fort. Früher fanden hier im Saal häufig Faschingsbälle, Vereinsbälle und Theateraufführungen statt. Allerdings ist das alte Gasthaus den Anforderungen solcher Veranstaltungen heutzutage nicht mehr gewachsen, und so werden fürstliche Festmähler nur noch bei Taufen, Weihnachtsfeiern oder Versammlungen abgehalten.

Aber nicht nur für geschlossene Veranstaltungen empfiehlt sich das Gasthaus Edlfurtner. Einheimische nutzen das Mittagsangebot, Stammgäste kommen zum gemütlichen Plausch untereinander und mit Wirt Alex Haller. Auf den Tisch gelangen deftige regionale Spezialitäten und eine breite Auswahl an Schnitzelvariationen. Auch Vegetarier werden beim Speiseangebot mit Grießnockerlsuppe und Gemüsepflanzerl nicht enttäuscht.

Noch immer ist die Gaststätte auch Einkehrort für Pilger, vor allem aus dem nahen Österreich: Unweit der Wirtschaft stehen die Loretokapelle und die Pfarrkirche St. Franz Xaver – ein eindrucksvolles Ensemble, das die einstige Bedeutung der Fürstbischöfe in Thyrnau verdeutlicht. Früher gab es im Hof des Gasthauses für die ankommenden Pilger sogar eine eigene Badestube.

Seit dem Jahr 2000 ist Alex Haller Pächter des alteingesessenen Gasthauses. Dazu gekommen ist er wie die sprichwörtliche Jungfrau zum Kind. Obwohl er selbst schon lange in der Gastronomie tätig ist, war die Übernahme des Gasthauses Edlfurtner doch eine Überraschung: Er kehrte selbst gern als Gast hier ein und war gut bekannt mit der Besitzerin und früheren Wirtin Maria „Maral" Wintersberger, die bis ins hohe Alter das Wirtshaus führte. Oft machte sich die betagte Wirtin Gedanken, wer sich wohl um die Wirtschaft kümmern werde, wenn sie einmal nicht mehr könne. Eher im Scherz bot sich Alex Haller als Nachfolger an – bis eines Tages der Anruf kam. Zwei Wochen später war er Wirt des Edlfurtner. So ist Alex Haller der erste Pächter in der Geschichte der ehemaligen Hoftaverne, und er macht seine Sache gut.

Zeitungen? Nein, die Speisekarten in ansprechender Aufmachung!

Gasthof Edlfurtner

Hofmarkstraße 11
94136 Thrynau

Telefon: 08501-284

julian-haller@t-online.de

Öffnungszeiten:
täglich
11:00–14:00
18:00–20:30
Ruhetag: Samstag

Hochwasser in Passau

Vom Jahrhunderthochwasser im Juni 2013 war Passau mit am schlimmsten betroffen. Hier stieg der Pegel der Donau auf 12,89 Meter an – normal wären 4,50 Meter – und der des Inns auf 10,20 Meter, ein fatales Zusammentreffen! Hauptursache für das enorme Ausmaß der Katastrophe waren tagelange schwere Regenfälle, die Auswirkungen auf ganz Bayern, aber vor allem auf Nieder- und Oberbayern hatten. Die Werte des Hochwassers übertrafen die von 1954, blieben aber knapp unter denen von 1501. Als eine der ersten Städte rief Passau bereits gegen Mittag des 2. Juni den Katastrophenalarm aus und erhielt schon nachts Hilfe von der Bundeswehr. Teile der Stadt waren ohne Strom, und sogar die Trinkwasserversorgung musste ab dem 3. Juni eingestellt werden. Für Schwierigkeiten sorgte außerdem auslaufendes Heizöl, das sich als großflächiger Teppich in der Innenstadt verteilte. Zwar konnten am 6. Juni schon wieder einige Straßen geöffnet werden, doch die Pegelstände der Flüsse waren immer noch enorm hoch, und erst am 11. Juni wurde schließlich der Katastrophenalarm aufgehoben. Einzigartig waren der Zusammenhalt und die Hilfe, die die Passauer und auch alle anderen Flutopfer erfahren haben. Zahlreiche Helfer, darunter auch Schüler und Studenten, reisten in die Hochwassergebiete, um den Betroffenen beizustehen. Spenden-Hotlines wurden eingerichtet, soziale Netzwerke organisierten und koordinierten Hilfe. Bis heute kämpfen manche Opfer, darunter viele Gastronomen, mit den Folgen des Jahrhunderthochwassers.

Goldenes Schiff in Passau

In Passaus südlicher Altstadt steht unterhalb des Doms St. Stephan die alteingesessene Gaststätte Goldenes Schiff. Im Mittelalter erstreckte sich hier am Innufer das Viertel der Schiffsleute und Hafenarbeiter; das Schwemmland hat dem Straßenzug den Namen Unterer und Oberer Sand verliehen. Wo heute das Goldene Schiff vor Anker gegangen ist, stand früher das Zunftwirtshaus der Seiler. 1750 wurde das Haus vom Kloster Niederalteich neu gebaut. Das helle, dreigeschossige Eckhaus trägt einen neubarocken Schweifgiebel und Rundfenster. Eigentlich stand an dieser Stelle schon immer ein Wirtshaus, ausgenommen die kurze Zeit zwischen 1800 und 1850, in der das Haus als Schulgebäude diente. 1987 übernahm Peter Wolf das Ruder im Goldenen Schiff. Damals war der neue Pächter 27 Jahre alt und gerade mit seinem Studium fertig. Er hatte das Ziel, sein Hobby, das Kochen, zum Beruf zu machen. Heute räumt er ein, dass die erste Zeit äußerst schwer gewesen sei, aber schließlich habe es sich doch gelohnt.

Seit 2014 glänzt der Gastraum im neuen Stil. Der Grund hierfür ist wenig erfreulich: das Jahrhundert-Hochwasser 2013 in Passau!

Wer den Inn kennt, weiß, wie schnell er aus seinem Bett aufspringen kann. Am Sonntag, dem 2. Juni 2013, wälzte er sich noch darin, doch dann ging alles viel zu schnell: Schon am Mittag

Vor dem Eingang am Unteren Sand

des darauffolgenden Tages hatte er mit seinen Komplizinnen, der Donau und der Ilz, die Stadt überschwemmt wie nicht mehr seit dem legendären Hochwasser von 1501.

Normalerweise bleibt das Goldene Schiff durch seinen hohen Unterbau von Hochwassern verschont oder ist zumindest nicht so stark davon betroffen. 2013 aber stand das Wasser im Gastraum auf Tischhöhe und richtete einen immensen Schaden an – bis auf die Türrahmen, Fensterstöcke und Wandvertäfelungen, die nach der Katastrophe sofort abgebaut und restauriert wurden, musste alles erneuert werden. Vier Monate lang, bis zum September 2013, war das Gasthaus wegen Renovierungsarbeiten geschlossen – ein verhältnismäßig kurzer Zeitraum, denn erst ein Jahr später begannen in einigen unmittelbar benachbarten Geschäften und Häusern die Wiederherstellungsarbeiten.

Der Boden des Gastraums und somit auch die Decke des Kellers wurden komplett neugebaut, die Einrichtung vollständig ersetzt und die Theke verschoben. Auch lange nach der Wiedereröffnung konnte man den Wasserstand noch an der Fassade ablesen. Nach und nach wurden die Hochwasserschäden und Spuren beseitigt, sodass bis Ende 2014 die Arbeiten komplett abgeschlossen werden konnten. Peter Wolf betont vor allem den Zusammenhalt der Passauer nach der Katastrophe und die

Die frisch sanierte Gaststube erstrahlt im neuen Glanz

Sichtbare Schäden des Hochwassers von 2013

gegenseitige Hilfe, die er erfuhr. Ganz besonders hebt er die Hilfe hervor, die drei Studentinnen über Facebook auf die Beine stellten und koordinierten.

Seit der Renovierung herrscht im Goldenen Schiff ein einheitlicher Stil, der verständlicherweise moderner ist, aber immer noch den alten Wirtshaus-Charme in sich trägt.

Der lange, für 80 Personen geeignete Gastraum ist optisch in drei Räume gegliedert, deren hinterster von den anderen abgetrennt werden kann. Das Mobiliar ist im Ganzen sehr schlicht, dennoch sind die Räume stilvoll und gemütlich eingerichtet, da alles aufeinander abgestimmt ist. Die tiefen Fensternischen bieten Platz für große Blumenvasen. Peter Wolf hat bei den neuen Holzstühlen eine Vertiefung als Sitzsattel herausarbeiten lassen – eine Möglichkeit, bequemer zu sitzen, die heute fast in Vergessenheit geraten ist. Auch in der Küche, seiner eigentlichen Kommandobrücke, macht sich Wolfs Sinn für Details bemerkbar. Zurecht genießen die Speisen im Goldenen Schiff einen guten Ruf. Nicht nur auf frische und saisonale Zutaten wird Wert gelegt, sondern auch auf eine abwechslungsreiche Tages- und Wochenkarte. Der Wirt macht keine „essenstechnischen Modeerscheinungen" mit, sondern orientiert sich an der „gewöhnlichen" Landhausküche, die er mit besonderem Geschick abrundet. Eine große Auswahl

Slow Food

Slow Food ist eine internationale Gegenbewegung zum uniformen und globalisierten Fast Food. Im Vordergrund der Slow-Food-Bewegung steht die Rückbesinnung auf regionale, ökologische und qualitätvolle Nahrungsmittel. Damit verbunden sind das bewusste Genießen und die sinnliche Erfahrung des Essens.

Ihren Anfang nahm die Bewegung 1986 in Italien. Der Journalist und Soziologe Carlo Petrini gründete einen Verein zur Erhaltung der Esskultur; er war es auch, der die Grundsätze der Bewegung erstmals formulierte: *Buono, pulito e giusto* (gut, sauber und fair). Auf dieser Grundlage wurde schnell klar, dass bäuerliche Landwirtschaft, das Lebensmittelhandwerk und eine gesunde Umwelt unbedingte Voraussetzungen für die Ziele der Bewegung sind.

Seit 1989 existiert der internationale Slow-Food-Verein. Slow Food Deutschland e. V. zählt derzeit gut 13 000 Mitglieder; weltweit sind es etwa 80 000, davon 75 % in Europa. Mitglieder sind Köche, Gastronomen, Bauern, Künstler oder andere Interessierte. Symbol der Slow-Food-Bewegung ist die Weinbergschnecke als Zeichen der Langsamkeit. Nur offizielle Mitglieds-Restaurants dürfen – wie zum Beispiel der Danibauer und das Goldene Schiff – die Slow-Food-Schnecke an ihrem Lokal anbringen.

an vegetarischen Gerichten stand schon immer auf der Speisekarte im Goldenen Schiff – „um mal etwas anderes anzubieten als die obligatorischen Käsespätzle", wie der Käpt'n selbst sagt. Außerdem gehört das Restaurant auch zur Slow-Food-Vereinigung.

Natürlich können die Gäste bei schönem Wetter draußen sitzen. Vor dem Eingang am Unteren Sand gibt es 50 Sitzplätze und neben dem Eingang an der Grabengasse einen Freisitz für 55 Personen. Lauschige, überdachte Lauben aus Lärchenholz schaffen eine behagliche und private Atmosphäre. Es ist ein kleiner, gemütlicher Biergarten am Rand der Passauer Altstadt. Hier kann man genüsslich abschalten und sich aus dem Alltagsgetriebe der Stadt zurückziehen.

Ein Höhepunkt ist das Passauer Stadtfest: Dann wird zu Live-Jazz vor der Haustür gegrillt. Der Außenbereich wird dafür erweitert und lädt an diesem Tag bis zu 400 Gäste zum Verweilen und Mitfeiern ein.

Zwar war das alte Goldene Schiff leckgeschlagen, doch konnte es mit vereinten Kräften neu vom Stapel laufen und somit seine lange Tradition in Passau weiterführen.

Gaststätte Goldenes Schiff

Unterer Sand 8
94032 Passau

Telefon: 0851/34407

goldenes-schiff@web.de
www.goldenesschiff.de

Öffnungszeiten:
Täglich
11:00–24:00 Uhr
warme Küche
11:30–14:30 Uhr
17:00–22:00 Uhr

Heilig-Geist-Stiftschenke in Passau

Eine der bekanntesten Gaststätten Passaus ist die Heilig-Geist-Stiftschenke in der Neustadt an der Heiliggeistgasse 4. Schon beim Betreten spürt man den besonderen Charme, den nur ein ehemaliges Kloster bzw. ein Spital ausstrahlen kann: Gewölbedecken, Glasfenster mit bunten Motiven. Das Gasthaus erstreckt sich im Erdgeschoss des traditionsreichen Heilig-Geist-Spitals auf insgesamt fünf Räume für die unterschiedlichsten Bedürfnisse und einen Biergarten in einer Größe, die man mitten in der Stadt nicht erwarten würde.

Die Anfänge der Schenke gehen ins 14. Jahrhundert zurück. Ursprünglich ließ Urban Gundacker, damaliger Stadtrichter und späterer Münzmeister, eine dem Heiligen Geist geweihte Kapelle in seinem eigenen Garten errichten. Drei Jahre später gründete er das Heilig-Geist-Spital für 13 arme Männer, die dort mit drei Mahlzeiten am Tag, Kleidung, Schlaf- und Waschmöglichkeiten versorgt wurden. Zudem schenkte Gundacker der Stiftung mehrere Häuser und Ländereien, wozu auch neun Weinberge im niederösterreichischen Krems gehörten. Dadurch wurden die Einkünfte der Stiftung gesichert. Der spätere Spitalmeister Wenzl Gerhardt oder der Stiftspfleger

„Bischofszimmer" mit Schnitzereien der Stifter und Wohltäter des Stifts

Gregor Stubner sorgten für weitere Schenkungen, wie das Fischrecht auf der Donau von 1558, das bis heute an zwei Fischer, die sogenannten Apostelfischer, verpachtet wird. Nachdem 1856 die Barmherzigen Schwestern vom Hl. Vinzenz von Paul die Leitung des Heilig-Geist-Spitals übernahmen, musste die hauseigene Schenke weichen. Schließlich kam sie 1880 in den nebenstehenden Räumen des ehemaligen Franziskanerklosters unter, wo sie heute noch zu finden ist. 1991 übernahm Friedrich Mayer die Pacht der Stiftsschenke von seinen Eltern.

Die Gaststube der Schenke, die sogenannte „Gundacker Stube", besticht mit ihrer edlen Holzvertäfelung, dem mit beigefarbenen Rippen verzierten Gewölbe und dem alten Holzboden. Links des Eingangs entstehen durch Sitzbänke mit hohen Rückenlehnen behagliche Nischen. Die großen geschnitzten Leuchter, die den bäuerlichen Tagesablauf darstellen und in jeder Gaststube hängen, stammen aus dem frühen 19. Jahrhundert.

Einen charakteristischen Dekor bilden humorvolle Lebensweisheiten an den Wänden, wie: „Wer jemand lobt in praesentia (dessen Gegenwart) und ihn schilt in absentia (dessen Abwesenheit), den hol die pestilentia." Historische Dokumente belegen frühere Traditionen wie z. B. die Verordnung, nach der ein Schoppen Wein nicht mehr als zwölf Semmeln kosten darf, was bis heute gilt, oder die

Die geschnitzte Bischofsbüste, die dem Raum seinen Namen gab

Der Apostelofen im „Bischofszimmer"

Vorschrift, dass ein Wirt wegen der knappen Weinvorräte nicht mehr als drei Schoppen an einen Gast ausschenken darf. Natürlich ist dieses Gesetz nicht mehr in Gebrauch. Auch eine Schenkungsurkunde und das Portrait Gundackers zieren den Raum.

Da die Weinberge immer noch im Besitz der Heilig-Geist-Stiftschenke sind, ist der stiftseigene Wein, der nur hier verkauft wird, eine Besonderheit. Außerdem gehen nach wie vor pro Jahr 250 Liter davon als Naturalpacht ans angrenzende Altenheim, welches allerdings mittlerweile mehr als 13 Männer beherbergt und auch nicht mehr nach Geschlechtern getrennt ist.

Von der Hauptstube erreicht man die anderen Räume wie die „Jagdstube" und das „Bischofszimmer". Die Wandvertäfelung ist hier mit aufwändigen Schnitzereien verziert, die die Stifter und Wohltäter des Stifts festhalten. Über der schmalen, mit einem Spitzbogen versehenen Tür prangt eine geschnitzte Bischofsbüste, die dem Raum seinen Namen gab. Glanzstück ist der sich nach oben hin verjüngende Apostelofen; jede seiner Kacheln ist mit unterschiedlichen, bunten Motiven und Apostelfiguren verziert.

Das Wachauer Weingarterl im Innenhof fasst 180 Personen. Durch mit Efeu bewachsene Lauben enstehen lauschige Nischen, die die Größe des Gartens etwas verschleiern.

Eine Besonderheit des Gebäudes ist der hundertjährige Stiftskeller. Er erinnert mit seinen Gewölbedecken und den teils aus groben Steinen, teils aus Ziegeln errichteten Wänden mit eingearbeiteten Rund-

Historischer Keller für besondere Anlässe

bögen an einen mittelalterlichen Raum. Bis auf den Bodenbelag wurde bei der Sanierung 1969 kaum etwas verändert. Da der Boden aus Gründen der Authentizität absichtlich uneben verlegt ist, besitzen alle Stühle nur drei Beine, um das Wackeln zu verhindern. Außerdem ist eine originale Weinpresse aus dem Weingut in Krems eingebaut – der Arbeitsaufwand dafür war enorm. Der offene Kamin wird gerne für Spießbraten- und Spanferkelessen genutzt. Hier zieren zudem Bilder des Passauer Künstlers Dieter Stauber den Kellerraum. Seine Arbeiten finden sich auch im Stiftsherrenstüberl, das erst seit 1983 zu den Räumlichkeiten der Schenke zählt und früher einen Milch- und Käseladen beherbergte.

Wenn man von der Vergangenheit des Stifts und dessen Entwicklung weiß, bleibt man noch lieber an diesem Ort und genießt den originalen Stiftswein bei „Passauer Schlosserbuam" oder anderen Spezialitäten in einer der gemütlichen Gaststuben.

Holztafel der Lamplbruderschaft

Heilig-Geist-Stiftschenke

Heiliggeistgasse 4
94032 Passau

Telefon: 0851-2607

info@stiftskeller-passau.de
www.stiftskeller-passau.de

Öffnungszeiten:
Donnerstag–Dienstag
10:00–01:00 Uhr
warme Küche
bis 23:00 Uhr
Ruhetag: Mittwoch

ScharfrichterHaus in Passau

Die Augen aller deutschsprachigen Kabarettistinnen und Kabarettisten und der Freunde des politischen Kabaretts leuchten, wenn das ScharfrichterHaus in Passau erwähnt wird. Es gehört zu den prominentesten Bühnen der Kabarettszene und es gibt wohl kaum große Namen, die hier nicht auftraten oder sich nicht im Laufe ihrer frühen Karriere hier die erste überregionale Aufmerksamkeit erarbeitet haben – um nur Sigi Zimmerschied, Bruno Jonas, Luise Kinseher oder Hape Kerkeling zu nennen. Der hauseigene Preis, das anlässlich der Passauer Kabaretttage (jeweils Oktober bis Dezember) verliehene ScharfrichterBeil, gehört zu den angesehensten Auszeichnungen seiner Art. Ohne Zweifel ist das ScharfrichterHaus die bedeutendste private Kulturinstitution der Dreiflüssestadt, auf die die Passauer stolz sind. Doch das war nicht immer so!

Schaurig schönes Logo am ScharfrichterHaus

Das Haus selbst steht ein kleines Stück östlich des Rathauses, zurückgesetzt von der Donaufront, dem es seine Fassade zuwendet, obwohl der Eingang in der zum Altstadthügel ansteigenden Milchgasse liegt. Hierhin präsentiert sich das Vorderhaus mit dreigeschossiger Fassade und vortretendem Mittelteil, den die prachtvoll gerahmte Figur des hl. Johannes Nepomuk akzentuiert. Den Eingang auf der linken Seite bildet ein üppiges Säulenportal mit der Jahreszahl 1619 und dem Ehewappen der Familien Schönburg und Puechleuten. Und dann der Innenhof, der sich nach dem mit Granitplatten gepflasterten und gewölbten Eingangsbereich öffnet! Zwar gibt es in Passau etliche dieser Innenhöfe aus der Renaissance, aber sie sind selten öffentlich zugänglich und auch selten so malerisch und ungekünstelt unsaniert saniert. Zweck dieser drei Bogengänge ist die Erschließung der beiden zugehörigen Rückgebäude und Wohnungen; von hier aus gelangen wir sowohl in das Theater als auch in den ScharfrichterKeller.

Scharfrichter? Henker? In so einem harmlos wirkenden Haus des Oberstjägermeisters Hans Christoph von und zu Schönberg? Hier wohnte doch im frühen 18. Jahrhundert der fürstbischöfliche Hofbaumeister Domenico d'Angeli! Und in der Tat: Kämen wir in den Ecksaal im zweiten Obergeschoss, könnten wir dort eine der schönsten spätbarocken Stuckdecken der Stadt bestaunen, ein Werk des Franz Joseph Ignaz Holzinger von etwa 1710–15, deren Symbole und Bilder der Architektur, der Baukunst gewidmet sind. Leider ist dieser Ecksaal aber nicht öffentlich zugänglich.

1331 wohnte in diesem Haus tatsächlich ein Scharfrichter namens Gebhard; das Haus selbst wurde im 15. Jahrhundert als „prisilig" bezeichnet, was in der älteren Forschung fälschlich mit „Ge-

Neuer Gastraum im ehemaligen Theatersaal

Der Innenhof mit Arkarden und Scharfrichter

fängnis" übersetzt wurde (verwechselt mit dem mittelhochdeutschen Wort „prisûn"). „Prisilje" indes bedeutet „Brasilholz", aus dem rote Textilfarbstoffe gewonnen wurden. So leitet sich der Name wohl eher vom Tuchfärbergewerbe als von einem schaurigen Gefängnis ab.

Aber nicht nur Kabarett findet hier statt, man speist auch ganz vorzüglich unter den Gewölben, in denen 1976 zunächst das Lokal „Scharfrichterkeller" eingerichtet wurde – also eine recht junge Gaststätte –, das dem Haus seinen heutigen Namen gab. Als Lokal und Kabarett „Zum Scharfrichter" besteht die von Edgar Liegl und Walter Landshuter in der damals tiefschwarz gefärbten Stadt gegründete Institution seit 1977; noch heute denkt man mit Stolz und Vergnügen an seinerzeit versuchte Aufführungsverbote und Nachrichtensperren. Der Name leitet sich übrigens vom Schwabinger Kabarett „Die elf Scharfrichter" her, das Ende des 19. Jahrhunderts gegründet worden war; in der Vorkriegszeit

Auch das Theater erhielt ein neues Gesicht

gab es in München auch das Kabarett-Ensemble „Die (vier) Nachrichter" – es scheint das Kabarett zum Beruf des Henkers eine gewisse Affinität zu fühlen.

Und so könnte der Wappenspruch von Paris auch für Passau zutreffen: „Fluctuat, nec mergitur – sie schwankt, aber sie geht nicht unter" – vor allem, wenn man wie das ScharfrichterHaus gute Freunde hat. Daher erinnert heute nur noch weniges an die Passauer Schreckenstage im Frühsommer 2013, als die drei Flüsse ihre Betten verließen und die Stadt mitzureißen versuchten. Mehr als ein Jahr hat es gedauert, die Hochwasserschäden im Haus zu beseitigen; andere Wirtshäuser an der Donau wurden genauso in Mitleidenschaft gezogen; ob sie jemals alle wiedereröffnet werden, bleibt dahingestellt.

Und so hat sich im Hausinneren manches geändert: Wo das Theater war, sind nun das Restaurant und die Bar, alles neu ausgestattet, elegant bis extravagant, wie es sich für dieses Haus gehört, über dem stets das Damoklesschwert einer erneuten Donau-Heimsuchung schwebt. Das ganze Haus ist unterkellert und auch im Erdgeschoss gewölbt; so sitzen die Gäste, wenn nicht Sommers im malerischen Innenhof, unter den Tonnengewölben mit den hochliegenden Fenstern und tiefen Stichkappen darüber, zwischen Bruchsteinmauerwerk und Ziegel. In den Bruchsteinkellergewölben des früheren Restaurants spielt heute das Theater.

Die Speisen- und Weinkarte ist von exzellenter Qualität – bis nach Regensburg sprach sich zum Beispiel die Qualität der Schnitzel jüngst herum; es ist Regionalküche, modern und raffiniert, die Weine traditionell aus österreichischen Anbaugebieten, aus der Wachau, der Südsteiermark, das Bier stammt von der traditionsreichen Salzburger Stieglbrauerei.

Unterstützen auch Sie, liebe „historische Wirtshäuser"-Gemeinde, die Küche und das Management des ScharfrichterHauses auf dem Weg zurück in die gastronomische Normalität!

ScharfrichterHaus Passau

Milchgasse 2
94032 Passau

Telefon: 0851-35900

info@scharfrichter-haus.de
www.scharfrichter-haus.de

Öffnungszeiten:
Donnerstag–Samstag
ab 17:00 Uhr

Hotel Alte Schiffspost in Obernzell

Eine halbe Stunde östlich von Passau, direkt an der Donau, liegt der Markt Obernzell. Die Grenze zu Österreich verläuft hier genau in der Flussmitte. Der Name Obernzell setzte sich erst im 17. Jahrhundert durch, vorher wurde der Ort Hafnerzell, Griesbach am niederen Markt oder Niedergriesbach in der Zell genannt, denn der Ursprung des idyllischen Ortes liegt in einer „cella", wie man ein kleines Kloster nannte, im Besitz der Herren von Griesbach. Mitte des 14. Jahrhunderts begann die Blütezeit des Marktes, der sich durch die Herstellung von Schmelztiegeln weit über die Grenzen hinaus einen Namen machte. Die Produktion lief bis 1940. Heute ist das zum Landkreis Passau gehörende Städtchen mit seinen 3700 Einwohnern ein staatlich anerkanntes Erholungsgebiet und ein viel besuchtes Ausflugsziel für Touristen, Radfahrer und Wanderer. Beliebt bei Besuchern ist das Keramikmuseum, das auf 850 Quadratmetern Wissenswertes über Keramik von der Jungsteinzeit bis zur Gegenwart vermittelt – wenn man es schafft, die im Verkehr geradezu erstickende Hauptstraße heil zu überqueren. Das Museum ist im ehemaligen fürstbischöflichen Wasserschloss eingerichtet, das den imposanten Abschluss des Marktplatzes bildet. Der 1426 fertig gestellte Bau wurde als Wasserburg begonnen (der alte Wassergraben zeugt noch davon) und Ende des 16. Jahrhun-

Der Biergarten im Hintergrund das Schloss mit dem Keramikmuseum

Die für die Passauer Gegend typische Treppenhauslaterne

derts von Fürstbischof Urban von Trennbach als prunkvolles Renaissance-Schloss vollendet. Bis ins 19. Jahrhundert diente es als Sitz der bischöflichen Pfleger. Durch die Säkularisation fiel es dem Königreich Bayern zu; 1975 bis 1977 erfolgte eine Restaurierung und die Einrichtung des Keramikmuseums.

Dem Schloss gegenüber, am südlichen Ende des Marktplatzes steht der Hotel-Gasthof Alte Schiffspost. Ebenfalls zur Zeit der Säkularisation, zu Beginn des 19. Jahrhunderts, hatte der Schiffsherr Anton Lüftenegger den Plan, ein repräsentatives Gasthaus zu errichten, das für Luxus und städtische Eleganz stehen sollte. Und diesen Anspruch strahlt das alte Gebäude heute noch aus. Es ist ein zweigeschossiger Walmdachbau mit Satteldachgauben, einer weiß-gelben Fassade, grünen Fensterläden und einer Treppenhauslaterne, wie sie typisch für die barocke Bauart in der Passauer Gegend ist. Besonders zu erwähnen ist der stuckierte Puttenfries an der Außenfassade, der Gastlichkeit, Festesfreude und Schifffahrt darstellt. Früher gab es hier auch die Poststation. Im großzügigen Eingangsbereich kann man daher vermuten, wie es hier früher einmal ausgesehen hat, da an den Quer-

gurten des Tonnengewölbes immer noch die alten Eisenringe zum Anbinden der Postpferde angebracht sind. Links liegen die beiden durch einen Durchbruch verbundenen Gaststuben. Die Wand des ersten Raums ist in halber Höhe mit blassgrünen Brettern verkleidet; für Atmosphäre sorgt der abgenutzte Holzfußboden. In der nachfolgenden Stube sind die weißen Wände halbhoch mit hellgrauen Kassetten geschmückt.

Am Ende des langen Eingangsbereichs in Richtung auf den Garten liegt ein weiterer Raum, der der ersten Gaststube ähnelt und hauptsächlich als Frühstücksraum der Hotelgäste genutzt wird. Vom schönen Garten mit seiner Sonnenterrasse genießen die Gäste, umgeben von Bäumen und den blühenden Pflanzen, einen herrlichen Blick auf die nahe Donau und das österreichische Ufer oder auf das Schloss. Natürlich bietet die Alte Schiffspost auch Räume für Feierlichkeiten an: den historischen Weinkeller mit Gewölbe aus roten Ziegelsteinen für 70 Personen oder den festlichen Spiegelsaal für bis zu 120 Personen. Da die Putten der Außenfassade so beliebt sind, wurden sie abgegossen und im Saal über den Spiegelflächen angebracht.

Was nun die Küche angeht, so verwendet sie – wie könnte es anders sein – hochwertige Erzeugnisse regionaler und örtlicher Erzeuger, die sich einer strengen Qualitätskontrolle stellen müssen. Kräuter, Pflanzen und Gewürze spielen für Küchenchef Detlev Schmidkunz eine ganz wich-

tige Rolle. In der Tat ist die Verwendung von Kräutern in unserer heimischen Küche gar nicht selbstverständlich. Man merkt die Begeisterung des Kochs für Kräuter – übrigens die besten und gesündesten Geschmacksverstärker, die es gibt – auch daran, dass es auf der Homepage der Alten Schiffspost ein Kräuterlexikon gibt.

Das Hotel verfügt über 16 Zimmer. Der gesamte Hotelbereich ist mit antiken Möbeln eingerichtet, die zwar nicht mehr aus der Zeit von Anton Lüftenegger stammen, aber man hielt sich an sein Vorbild, als 1987 Anneliese Munzinger begann, das lange Zeit leer stehende Haus herzurichten. Großer Vorteil war, dass Tochter Susanne über einen Kunsthandel verfügte und sich somit im ganzen Haus „dekorativ austoben" konnte. Zwar gehört das an der Donau gelegen Hotel immer noch der Familie, doch 1998 entschied sie sich für eine Verpachtung. Seit 2012 leitet nun das Ehepaar Schmidkunz-Kobler den traditionsreichen Gasthof, der über 200 Jahre hinweg seinen ganz eigenen und besonderen Charme erhalten konnte.

Gasthof Alte Schiffspost

Marktplatz 1
94130 Obernzell

Telefon: 08591/2560

info@alte-schiffspost.de
www.alte-schiffspost.de

Öffnungszeiten:
täglich
11:00–14:30 Uhr
17:30–21:00 Uhr
Ruhetag: Mittwoch

Die Hoftaferne in Neuburg am Inn

In direkter Nachbarschaft zu Oberösterreich, hoch über dem alten Grenzfluss Inn, liegt die Gemeinde Neuburg am Inn. Das mächtige, vieltürmige Schloss thront dort oben auf dem Hügel. Einst war es Regierungssitz der Grafschaft Neuburg – neben dem Wittelsbacher Gebiet, dem Hochstift Passau und der Grafschaft Ortenburg eines der vier Territorien, aus denen das heutige Niederbayern besteht. Eine 2006 eingeweihte Fußgängerbrücke führt sogar ins österreichische Wernstein am Inn hinüber. Ein lohnender – fußläufiger – Ausflug ist das Kubin-Haus in Wernstein, Zwickledt 7, in dem der berühmte Maler Alfred Kubin von 1906 bis zu seinem Tode 1959 lebte und das seitdem nicht mehr verändert wurde.

Um 1050 erbauten die Grafen von Formbach das Schloss Neuburg. Im Spannungsfeld zwischen Bayern, Österreich und dem Hochstift Passau gelegen, wechselte es häufig die Besitzer, bis es 1310 im bayerisch-österreichischen Konflikt zerstört wurde. Das heutige Erscheinungsbild von Schloss Neuburg geht größtenteils auf den anschließenden Wiederaufbau durch die siegreichen Österreicher zurück. Wieder kam es zu einem regen Besitzerwechsel. Ab 1529 ließ Graf Niklas II. von Salm die Wehranlage in ein Renaissanceschloss umgestalten,

Das Künstlerzimmer mit alter Bohlenbalkendecke

für dessen Ausschmückung der berühmte Passauer Maler Wolf Huber verpflichtet wurde. Unter Georg Ludwig Graf von Sinzendorf, der die Grafschaft im Jahr 1654 erwarb, folgte die Umwandlung in ein Barockschloss. Beide Epochen sind bis heute deutlich ablesbar. Wiederum wechselte die Burg ihre Herren, von 1730 bis 1803 gehörte sie zum Fürstbistum Passau. 1810 trug sie bei einem Brand schwere Schäden davon. Erst knapp 100 Jahre später, 1908, erwarb der Bayerische Verein für Volkskunst und Volkskunde (heute Bayerischer Landesverein für Heimatpflege) die Burg, kümmerte sich um deren Wiederaufbau durch den Passauer Architekten Karl Kieffer und überließ sie dem Künstlerunterstützungsverein München als Schenkung. 1982 folgte wiederum Leerstand, bis sich der Bezirk Niederbayern der Erhaltung der Burg annahm und in der Folge ein Landkreissaal und Unterkünfte, später ein richtiges Hotel auf dem Burggelände eingerichtet wurden. Seit 1998 gehört die Neuburg dem Landkreis Passau und ist heute internationales Begegnungszentrum für die Universität Passau, Tagungsstätte, Künstlergalerie und Veranstaltungsort für kulturelle, wissenschaftliche, bildende, gesellschaftliche und private Belange.

Zum Schloss gehörte auch eine Taferne. 1440 wurde sie als Bestandteil einer vorgelagerten Befestigungsanlage errichtet und 1680 von Graf von Sinzendorf erweitert. Ihr heutiges äußeres Erscheinungsbild verdankt die Hoftaferne im Wesentlichen der Umgestaltung durch den Bayerischen Verein für Volkskunst und Volkskunde in den Jahren ab 1911. So bestehen seit dieser Zeit die vordere Front

Der Blick nach Österreich aus den Gemächern des Schlosses

mit Zwerchhaus und die Biergartenanlage um die alte Linde, unter der Bayernkönig Ludwig III. den herrlichen Ausblick ins Tal genoss. Das Delfinrelief neben der Haustür ließ schon Graf von Hamilton, einer der früheren Besitzer der Neuburg, im Jahr 1698 anbringen.

Auch im Inneren gehen einige Bauelemente wie die Türen, die Holztreppe ins Obergeschoss und die Ausgestaltung des Künstlerzimmers auf die Tätigkeit des Vereins zurück. Im Jahr 1996 folgte eine umfangreiche, substanzerhaltende und denkmalgerechte Sanierung. Mit viel Feingefühl und Blick fürs Detail wurden die Gaststätte eingerichtet und Altes und Neues zu einem harmonischen Ganzen verbunden. Die beinahe schwarze Bohlendecke in der Gaststube und dem angrenzenden Künstlerzimmer gehen auf die Zeit des Grafen von Sinzendorf zurück. Der Dielenboden zeigt die Spuren jahrhundertelanger Benutzung. Gemütlichkeit schafft die schlichte umlaufende Bank, die in den tiefen, gerundeten Fensternischen behagliche Ecken entstehen lässt.

Die Gemälde im Künstlerzimmer nebenan sowie viele weitere Bilder und Möbelstücke im ganzen Haus sind eine Dauerleihgabe des Künstlerunterstützungsvereins, der im 20. Jahrhundert über mehrere Jahrzehnte im Schloss einquartiert war. Das Künstlerzimmer wartet mit einer zweifarbigen, verzierten Kassettentäfelung auf, die einen schmuckvollen Rahmen für die darüber angebrachten Kunstwerke bildet.

Ein kleiner Nebenraum für 15 bis 20 Gäste – das „G'wölb" – stammt vermutlich noch aus der Entstehungszeit des Gebäudes. Die Einrichtung mit naturbelassenen Holzmöbeln wurde eigens hierfür angefertigt und fügt sich zusammen mit der Dekoration aus Naturmaterialien und moderner Kunst harmonisch in das Tonnengewölbe ein.

Schon von Anbeginn an war die Hoftaferne in Neuburg gesellschaftlicher Mittelpunkt. Zu ihr gehört heute auch immer noch das Vorrecht, die Räumlichkeiten des Schlosses zu bewirtschaften. Seit 2013 kümmern sich Klaus Eglseder und Andrea Ortner als Pächter um die Hoftaferne. Schon vorher führten sie erfolgreich das Schloss Ort in Passau, mussten wegen des verheerenden

Tafernwirtschaft

Ausgestattet mit der Taferngerechtigkeit, war es ihr alleiniges Recht, Verlöbnisse, Hochzeiten, Tauf- und Leichenmahle auszurichten. Zur Taferngerechtigkeit gehörten neben dem öffentlichen Schankrecht außerdem das Beherbergungs- und Gastrecht sowie das Recht der Fremdenstallung. Herren der Tafernen waren Fürsten, Klöster, Edelleute und Städte, die ihre Taferne von eigenen Tafernern führen ließen oder zur Pacht abgaben. Die Schreibweise mit „f" ist übrigens kein Fehler: Vielmehr handelt es sich um eine Variante, die auf eine mittelhochdeutsche Schreibweise des Wortes zurückgeht. Damals wurden die Buchstaben „v" und „f" gleich ausgesprochen, und so kam es häufig auch in der Schreibung zu Variationen.

Hochwassers 2013 dort jedoch die Segel streichen. So bringen sie nun frischen Wind in die etwas marode gewordene Hoftaferne in Neuburg und verwöhnen ihre Gäste mit traditionellen Gerichten der regionalen bayerischen Küche, die Klaus Eglseder mit feinen Veränderungen und außergewöhnlichen Kombinationen zu neuen Geschmackserlebnissen werden lässt.

Die Hoftaferne in Neuburg am Inn lohnt einen Besuch also allemal – sei es als Verschnaufpause bei einer Radltour entlang des Innradwegs, nach einer Wanderung auf dem Künstlersteig, einem Spaziergang durch die Neuburg oder auch einfach nur, um gutes Essen in einer einmaligen Umgebung zu genießen.

Hoftaferne

Am Burgberg 5
94127 Neuburg am Inn

Telefon: 08507-923120

info@hoftaferne-neuburg.de
www.hoftaferne-neuburg.de

Öffnungszeiten:
Dienstag–Sonntag
ab 11:30 Uhr
Ruhetag: Montag

Gasthaus zur Klostertaverne in Vornbach am Inn

Seit der Eingemeindung 1972 gehört Vornbach zur Gemeinde Neuhaus am Inn im Landkreis Passau. Das Dorf liegt zwei Kilometer nordöstlich von Neuhaus an der Vornbacher Enge, wo der Inn in den Neuburger Wald durchbricht. Zugleich bildet der Fluss die Grenze zu Österreich.

Seit dem Mittelalter war Vornbach Hauptsitz der Grafen von Formbach. 1050 erbauten diese zum einen ein neues Schloss in Neuburg am Inn, da die eigentliche Burg in Vornbach aus Verteidigungsgründen ungünstig gelegen war. Zum anderen wurde 1040 in der ursprünglichen Burg durch Gräfin Himiltrud ein Kollegiatstift eingerichtet, das sich 1094 zu einem Benediktinerkloster wandelte. Um 1125 entstand an Stelle der abgebrochenen Burg eine zweitürmige Basilika. In den folgenden Jahrhunderten wurden Kloster und Kirche mehrfach umgebaut und stilistisch den jeweiligen Epochen angeglichen. 1806 schließlich wurde die Klosterkirche zur Pfarrkirche, nachdem das

Kloster im Zuge der Säkularisation von 1803 aufgelöst und an einen Privatmann verkauft worden war. Die Schlossräumlichkeiten erfuhren mehrere Umbauten und Besitzerwechsel, bis schließlich 1949 Dr. Hans Hahn das höchst malerische Anwesen kaufte, dessen Landschaftspark 1859 von keinem Geringeren als dem in Bayern führenden Gartenarchitekten Carl von Effner angelegt wurde. Seitdem ist das Vornbacher Schloss im Familienbesitz und dient daneben als Veranstaltungs- und Ausstellungsort.

Mit dieser Geschichte ist die Geschichte der direkt am Dorfplatz stehenden Klostertaverne eng verbunden, die früher zum Kloster gehörte. Bis in die 1930er Jahre hinein wurde dort noch das Bier der Schlossbrauerei ausgeschenkt.

Das zweigeschossige Gebäude mit Walmdach, Ecklisenen und profiliertem Traufgesims wurde um 1650 erbaut und ist seit etwa 1820/30 im Besitz der Familie Resch. Die letzten 20 Jahre wurde hier viel renoviert und umgebaut, wodurch die Eingangstür in der Mitte der Eingangsfront zu stehen kam, von wo aus man links und rechts in die beiden Stuben gelangt. Früher betrat man die Stuben ganz links und stand direkt im Hauptraum. Beim Eintreten in die Klostertaverne fällt zunächst das weiße Kreuzgewölbe ins Auge, das durch die karminroten Wände wirkungsvoll in Szene gesetzt wird. Gewölbe überspannen auch die beiden anderen Gaststuben. Im Winter sorgt der zwischen der offenen Gaststube und dem Eingangsbereich stehende gemauerte Ofen für Behaglichkeit. Abgerundet wird das Ganze durch den altersschönen Dielenfußboden.

Die Klostertaverne mit ihrem Freisitz vor dem Haus und dem Biergarten auf der anderen Straßenseite

Im ersten Stock ist der Saal untergebracht, der bis zu 100 Personen fassen kann. Als 1991 Wolfgang Resch die Wirtschaft von seinen Eltern übernahm, lagen hier auch noch die Privaträume der Familie und er erzählt, dass es (wie übrigens in vielen Wirtshäusern) keine klare Trennung zum Wirtshausleben gab. Die Gäste konnten überall hin, und da es auch keine eigene private Küche gab, wuchs er mit seinen Geschwistern quasi im Wirtshaus auf. Das war damals so üblich, aber es war auch das Erste, das er bei der Übernahme änderte.

Im Sommer gibt es die Möglichkeit, draußen zu sitzen, entweder auf dem Freisitz vor der Tür oder auf der unter Kastanien gelegenen Wiese gegenüber, die sich die Klostertaverne mit der benachbarten Dorfbäckerei teilt. Sollte die Klostertaverne einmal geschlossen sein, wird man im Dorfbackhaus gut mit Speis und Trank versorgt.

Besonderheit der Klostertaverne ist der Jazz-Frühschoppen, der im Sommer mit wechselnden Besetzungen einmal monatlich stattfindet, je nach Witterung drinnen oder draußen. Anfangs – im Jahr 2000 – eine spontane Idee, ist nun eine feste Kultureinrichtung daraus geworden.

Auch wenn sich in den vergangenen Jahrzehnten einiges gewandelt hat, so ist die Klostertaverne nach wie vor ein Familienunternehmen, in dem alle zusammenhelfen und man schon einmal Tochter oder Nichte im Service finden kann, während Wolfgang Resch am Herd steht. Seine Speisekarte bietet eine gutbürgerliche, frische Küche, die, besonders im Hinblick auf die vielen hier einkehrenden Radltouristen, neben gestandenen auch leichtere Speisen anbietet.

Gasthaus Zur Klostertaverne

Abt-Rumpler-Str. 10
94152 Neuhaus a. Inn

Telefon: 08503-8430

Öffnungszeiten:
10:00–22:00 Uhr
warme Küche
11:00–13:00 Uhr
17:00–20:00 Uhr
Ruhetage im Sommer:
Montag–Dienstag ab Mittag
Ruhetage im Winter:
Montag–Mittwoch ab Mittag

Die Alte Taverne in Bad Füssing-Würding

Würding gehört als Ortsteil zu Bad Füssing, das zusammen mit Bad Birnbach und Bad Griesbach das hauptsächlich in den 1980er Jahren bekannte „niederbayerische Bäderdreieck" bildete. Die erste urkundliche Erwähnung fand Würding im Jahre 814 als Uuirtington im Besitz des Klosters Mondsee im oberösterreichischen Salzkammergut. 1429 finden wir Würding vorübergehend im Besitz des Klosters Asbach bei Rotthalmünster, 1704 wurde der Kirchort zur Pfarrei erhoben. Seit der Gebietsreform 1971/72 gehört Würding nun zur Großgemeinde Bad Füssing. Häufig wurde die Ortschaft im Lauf ihrer Geschichte von Katastrophen, Zerstörung und Leid heimgesucht. So fielen Mitte des 14. Jahrhunderts und während des Dreißigjährigen Krieges viele Bewohner der Pest zum Opfer. 1861 vernichtete ein Großbrand beinahe das gesamte Dorf. Das letzte schreckliche Ereignis geschah im Jahr 1954, als der Inn in einem noch nie dagewesenen Ausmaß über die Ufer trat. Viele Tiere kamen in den Fluten um, Gebäude wurden zerstört und Wiesen und Felder unter dem Schlamm des Flusses begraben.

Die Alte Taverne, erbaut aus den Tuffsteinen der Rotthalmünsterer Magdalenenkirche

Wiedergefunden: die alte Standuhr

Trotz allem haben sich die Bewohner der kleinen Siedlung davon nie unterkriegen lassen, und heute ist Würding ein florierender Ort, der von seiner Nähe zu den Thermalquellen Bad Füssings und den malerischen Innauen profitiert. Wer hier unterwegs ist und einen besonderen Platz zur Einkehr sucht, sollte nicht versäumen, die alte Taverne im Zentrum Würdings zu besuchen.

Auf viele Jahre und eine interessante Geschichte kann das Traditionswirtshaus zurückblicken. Bereits im Jahr 1595 wurde ihm von Bischof Urban die Taferngerechtigkeit (siehe S. 179) verliehen. Das Gebäude in seiner heutigen Form mit den unverputzten Tuffsteinmauern und dem umlaufenden Gesims besteht seit 1816, wie die Jahreszahl über der Eingangstür verkündet. Das Baumaterial stammt aus dem knapp 15 Kilometer entfernten Rotthalmünster. Einst stand dort eine Magdalenenkirche. Wie es das Schicksal etlicher Landkirchen war, so hat man auch diese nach der Säkularisation 1803 für überflüssig befunden und abgebrochen. Die Mauersteine transportierte man zum Wirtshausneubau nach Würding. Nach einer alten Urkunde führte die Gaststätte früher einmal den Namen „Alte Taverne zu Würding", später war sie der „Gasthof zur Post". Ab 1994 trug sie beide Namen, also „Gasthof zur Post Alte Taverne". Heute prangt auf dem Schild über der Eingangstür der ursprüngliche Name „Alte Taverne".

Unter Einheimischen jedoch ist das Wirtshaus bekannt als Fuchswirt, entsprechend dem Namen der Wirtsfamilie, die im Jahr 1904 ihren kleinen Bauernhof gegen die Gaststätte eintauschte und seitdem im Besitz der Traditionsgaststätte ist. Seit 1995 führt die Familie den Betrieb nicht mehr selbst, sondern hat ihn einem Pächter übergeben. Allerdings ist das Ehepaar Fuchs mit ihrem Wirtshaus immer noch eng verbunden. Sie leben in der Wohnung über der Gaststube, und der ehemalige Wirt ist immer noch jeden Dienstag beim traditionellen Schafkopfspiel dort anzutreffen.

Griabig geht es zu, wenn sich die alteingesessenen Kartenspieler und Stammtischler, Vereine und Kurgäste in der gemütlichen Gaststube zusammensetzen. Hier findet man beinah alles noch unverändert vor, wie den markanten Eichenboden, an dem schon die Astansätze hervortreten. Auch das Eichenmobiliar und die halbhohe dunkle Plankenvertäfelung der Wände hat Peter Fuchs so be-

lassen. Die große Standuhr mit dem bemalten Zifferblatt zierte schon früher die Stube der alten Taverne, wurde jedoch irgendwann von den Kindern in Einzelteile zerlegt und auf den Spitzboden geschafft. Dort fand sie Marlene Fuchs, ließ sie herrichten und gab ihr erneut einen Ehrenplatz im alten Wirtshaus. Auch der Kachelofen ist noch immer an Ort und Stelle hinter der Bank, wenngleich er heute nicht mehr befeuert werden kann.

Aber nicht nur in der Wirtsstube gibt es solche geschichtsträchtigen Schmuckstücke zu entdecken. Schon im Gewölbe des Eingangsbereichs, der mit mächtigen Granitplatten ausgelegt ist, erwarten den Besucher Details mit Historie, wie ein kleiner weißer Holzofen und ein imposanter Holztisch von 1910 aus Österreich. Besondere Aufmerksamkeit verdienen die acht gusseisernen Reliefplatten aus dem Jahr 1815, die in die Wand eingemauert sind. Sie zeigen Darstellungen von Berufen, Wappen und antike Szenen. Einst dienten sie als Bauteile eiserner Kastenöfen, die bis ins 19. Jahrhundert Verwendung fanden, heute sind sie als Bestandteil des Wirtshauses sogar in der Bayerischen Denkmalliste als besonders wichtige Ausstattungsstücke aufgeführt.

Einen erholsamen Platz bietet im Sommer der Biergarten an der dicht mit wildem Wein bewachsenen Giebelseite des Hauses. Durch eine kleine begrünte Mauer ist er von der Straße abgetrennt, mit Bäumen und Sträuchern – der perfekte Ort also, um sich nach einer Radltour mit einem kühlen Radler und einer deftigen Brotzeit zu stärken oder entspannt den Kurtag ausklingen zu lassen!

Reliefplatten aus dem Jahr 1815

Alte Taverne

Untere Inntalstrasse 16
94072 Bad Füssing-Würding

Telefon: 08531-980487

www.altetaverne.de

Öffnungszeiten:
täglich
warme Küche
11:00–21:00
bei schlechtem Wetter
11:00–14:00
17:00–21:00

Der Brau-Gasthof Herndl in Rotthalmünster

Direkt im Bäderdreieck der Kurorte Bad Füssing, Bad Griesbach und Bad Birnbach liegt der Markt Rotthalmünster. Alles begann im 8. Jahrhundert mit einer Klostergründung, und somit gilt der Markt als eine der ältesten Klostersiedlungen Bayerns. 1150 gehörte die Ortschaft den Grafen von Vornbach und Neuburg und später den Wittelsbachern. Bis ins 18. Jahrhundert hinein wurde sie schlicht Münster genannt, und erst mit dem Gemeindeedikt von 1818 entstand die Gemeinde mit dem heutigen Namen Rotthalmünster. Das Wappen der Stadt zeigt eine silberne, eintürmige Kirche auf blauem Grund, auf deren Dach zwei silberne Störche stehen. Dies spiegelt zum einen die Häufigkeit der Tiere in Rotthalmünster zu früheren Zeiten wider, zum anderen zeigt es die Verbundenheit der Stadt mit dem früheren – nur knapp fünf Kilometer nördlich gelegenen – Kloster Asbach. Es wurde 1091 von Christina, der Witwe des Grafen Gerold von Frauenstein und Ering, gegründet und ist dem Evangelisten Matthäus geweiht. Auch hier führte die Säkularisation zur Auflösung des Konvents; die Kirche (deren Innensanierung sich noch mindestens bis 2016 hinziehen wird) wurde Pfarrkirche, die Prälatur eine Schule und die

Imposante Fassade mit rundem Eckerker, vom Marktplatz aus gesehen

restlichen Gebäudeteile wurden verkauft. Erst 1976 nahm sich der Kulturkreis Asbach des ehrwürdigen Gebäudes an. Seit der Einrichtung eines Zweigmuseums des Bayerischen Nationalmuseums 1984 sind die früheren Repräsentationsräume der Öffentlichkeit zugänglich. Der Tafelsaal des ehemaligen Klosters wird heute als Trauzimmer des Marktes Rotthalmünster genutzt, und allgemein arbeiten die Kulturfreunde Rotthalmünster eng mit dem Kulturkreis Asbach zusammen.

Rotthalmünster selbst prägt der lang gezogene, nach Süden leicht ansteigende Marktplatz. Das nördliche Ende des Platzes beherrscht noch vor der dahinter aufragenden Kirche der imposante Brau-Gasthof Herndl. Der stattliche, am Eck stehende dreigeschossige Walmdachbau zeigt einen runden Eckerker und eine reiche Stuckfassade mit Pilaster- und Putzgliederungen. Von dem berühmten Kößlarner Stuckator Johann Baptist Modler ließen die damaligen Eigentümer um 1750 an der Langseite ein lebensgroßes, bewegtes Reliefbild des hl. Florian anbringen.

Schon der Eingangsbereich spiegelt wider, mit wie viel Liebe die Wirtschaft eingerichtet wurde. So finden sich an den Wänden zahlreiche Zeichnungen und Schriftbänder mit Erklärungen. Begrüßt wird man beispielsweise von zwei Karikatur-Engeln, die jeweils einen Maßkrug in der Hand halten und vor einem Bayernwappen fliegen. Ein Spruchband informiert darüber, dass es den Herndlbräu seit 1737 gibt. Damals hat Bierbrauer Johann Thomas Herndl mit seiner Frau die Gastwirtschaft mitsamt Brauerei gekauft, und seitdem ist das Gebäude in Familienbesitz. Der lange Flur, früher eine Hofeinfahrt, verändert sich zu einem schönen Gewölbe; dort findet man eine Erklärung,

Der zweigeteilte Gastraum

Was kostet der Rausch? Hier finden Sie eine Antwort

was aus der Brauerei wurde: Sie brannte 1907 nieder und wurde an anderer Stelle neu gebaut. Eine weitere reich geschmückte Wandmalerei zeigt ein Verzeichnis der verschiedenen Räusche und wie viel jeder kostet – so ist beispielsweise ein Suff mit 23,10 Euro und ein Vollrausch mit 50,40 Euro angesetzt. Wer sich wohl die Mühe gemacht hat, Buch zu führen?

„Münsterer Braustube" heißt die eigentliche Gaststube. Ihr Zustand geht auf die letzte größere Renovierung von 1997–98 zurück. Sie ist optisch und durch eine kleine Stufe zweigeteilt. Bis auf wenige Unterschiede sind beide Raumteile in der Verwendung von edlen dunklen Hölzern ähnlich gehalten. In der ersten Stube gibt es eine Bohlenbalkendecke mit zwei Unterzügen, in der zweiten eine Holzdecke im Fischgrätmuster, die von mehreren Balken getragen wird. In diesem Teil wurde die Wand – zusätzlich zur Sitzbank – noch mit einer dunklen Kassettenholzverkleidung versehen. Die Verwendung der vielen dunklen Hölzer sorgt für Wärme und eine gemütliche Atmosphäre, in der man sich wohl fühlt. In der Münsterer Braustube finden nur 40 Personen Platz, und da der gewölbte Nebenraum auch nur für 20 Gäste ausgelegt ist, ist der Brau-Gasthof eher ungeeignet für größere Feiern – eine Riesenhaus, könnte man sagen, und nur wenig Platz darin.

Seit 2012 wird die Gastwirtschaft von Eva-Maria Pawlitschko und ihrem Team geleitet. Der Brau-Gasthof Herndl wird im Wesentlichen von Einheimischen, aber auch von vielen Urlaubern, Radfahrern wie Kurgästen frequentiert. In der Gastwirtschaft passt alles zusammen, angefangen von den humoristischen Bildern im Flur über das gemütliche und einladende Interieur bis hin zur bodenständigen bayerischen Küche. Das Konzept überzeugt! Und so ist schon mancher Tourist im Laufe der Jahre zum Stammgast geworden.

Brau-Gasthof Herndl

Marktplatz 39
94094 Rotthalmünster

Telefon: 08533-9193815

info@brau-gasthof-herndl.de
www.brau-gasthof-herndl.de

Öffnungszeiten:
Dienstag–Sonntag
9:30–23.00 Uhr
Warme Küche
11:30–14:00 Uhr und
17:30–21:00 Uhr
Ruhetag: Montag

Der Zehentstadl in Aigen am Inn

Sie suchen ein außergewöhnliches Gasthaus in ländlicher Atmosphäre? Mögen Sie alte Gemäuer mit eindrucksvoller Tradition? Oder genießen Sie einfach gern einen Schoppen guten Weins im Schatten mächtiger Kastanien? Im Bad Füssinger Ortsteil Aigen am Inn werden Sie fündig! Ein wahrhaft einzigartiger Bau prägt das historische Ortsbild des über 1000-jährigen bäuerlichen Dorfes im Urstromtal des Inns, das in kurzer Entfernung zu den Thermalquellen Bad Füssings liegt.

24 mal 24 Meter misst die Grundfläche des hoch aufragenden, mächtigen Tuffsteinquaderbaus aus dem dritten Viertel des 15. Jahrhunderts, den man in seiner Trutzigkeit viel eher in Italien als hier am Inn vermuten würde. Als Sitz eines fürstbischöflichen Pflegers wurde dem Dorf, das damals noch Aufhofen hieß, die Aufmerksamkeit der Fürstbischöfe von Passau zuteil. Die Bauern, die die Ländereien des Fürstbistums bewirtschafteten, hatten von den Erträgen stets den zehnten Teil als Naturalsteuer an ihren bischöflichen Grundherren abzuliefern. Zur Lagerung dieser Abgaben wurde der Zhntkasten nach Inschriften im Flur 1423 errichtet und 1472 unter Bischof Ulrich von Nußdorf umgebaut. Schon damals beherbergte der gebieterische Bau eine bischöfliche Tafernwirtschaft. Darüber war

Die Vorschussmauer, die dem Gebäude sein blockhaft-kubisches Erscheinungsbild verleiht, wurde nach einem schweren Brand im Jahr 1685 hochgezogen

Das Tonnengewölbe im Hausgang mit dem Wappen Bischof Ulrichs von Nußbaum und Jahreszahl 1472

eine Wohnung für Besuche des Bischofs eingerichtet; die beiden obersten Stockwerke dienten als Getreidelager.

Die Vorschussmauer, die dem Gebäude sein blockhaft-kubisches Erscheinungsbild verleiht, wurde nach einem schweren Brand im Jahr 1685 hochgezogen. Beim Dach des monumentalen Bauwerks handelt es sich also nicht – wie man auf den ersten Blick meinen könnte – um ein Flachdach; hinter der Brandschutzmauer ist es mit einem Grabendach ausgestattet. Diese Bauweise findet sich häufig bei Gebäuden aus dem 16. und 17. Jahrhundert in der Region um Inn und Salzach und besonders in Passau nach dem großen Stadtbrand von 1680.

Mit der Säkularisation 1803 war die Zeit der Pflegrichter, Pfleger und Erbrechtler im Zehentstadl vorüber. Die bischöfliche Enklave am Inn wurde aufgelöst, der Zehentstadl ging an das Königreich Bayern, von dem 1829 ein gewisser Georg Hisserer die alte Tafernwirtschaft samt Taferngerechtigkeit (siehe S. 179) erwarb. Knapp 150 Jahre später, im Jahr 1972, heiratete Maria Hisserer Leonhard Brauneis – und seit 1974 führen sie nun zusammen den Familienbetrieb in diesem wahrhaft heraus- oder überragenden Bau.

An der straßenseitigen Fassade zwischen dem zweiten und dritten Geschoss prangt in Stein gemeißelt das Wappen des Erbauers Ulrich von Nußbaum: rechts das steigende Einhorn aus dem Wappen der Nußdorfer; links und dem Pferd zugewandt der (eigentlich rote) Passauer Wolf. Bekrönt wird beides von der Mitra als Zeichen des Bischofs. Durch ein schweres Holztor darunter betritt man das Tonnengewölbe des Hausgangs. Altertümliche Kommoden, Truhen und Schränke säumen die Wände, die mit allerhand historischen Wandgemälden versehen sind. Rechts gelangt man in das kleinere Bischofszimmer, ausgestattet mit edlem Holzboden und Kronleuchtern. Hier findet sich heute noch der Passauer Bischof ein, wenn er zu Besuch in Aigen ist.

Die Gaststube erreicht man vom Fletz aus durch die zweite Tür auf der rechten Seite. Glanzstück ist die dunkle Holzbalkendecke, die beim Wiederaufbau nach dem Brand im 17. Jahrhundert eingezogen wurde. Die Ausstattung der Stube geht im Wesentlichen auf die dringend notwendig

gewordene Sanierung im Jahre 1978 zurück.

Im Sommer und bei schönem Wetter sitzt man im lauschigen Biergarten unter einer der großen Kastanien oder an der mit wildem Wein bewachsenen Fassade des Hauses. Hier lassen sich die letzten warmen Sonnenstrahlen des Tages am besten genießen. Bei der fürsorglichen Bewirtung durch das Ehepaar Brauneis und sein Team kann man entspannt die Seele baumeln lassen.

Während Maria Brauneis in der Küche für das leibliche Wohl sorgt, ist Gatte Leonhard bei seinen Gästen, geht den freundlichen Bedienungen zur Hand oder nimmt sich die Zeit für ein Schwätzchen. Die Gäste des Zehentstadls wissen die „mittelalterliche" Atmosphäre des Gebäudes und die mit viel Können und Leidenschaft zubereiteten Speisen der erfahrenen Köchin zu schätzen. Für jeden Tag gibt es neben den wechselnden Gerichten auch immer ein festes Tagesgericht: Donnerstags gibt es die knusprige Bauernente, freitags locken die fangfrischen Forellen, samstags resche Schweinshaxen und am Sonntag muss es natürlich ein Schweinsbraten sein. Hausgemachte Kuchen und Torten runden das Angebot ab.

Vor einem Besuch sollte man aber unbedingt die Öffnungszeiten beachten! Da Familie Brauneis das Wirtshaus zusätzlich zur Landwirtschaft betreibt, hat sie ihre Türen nur von Donnerstag bis Sonntag ab 11:00 Uhr für ihre Gäste geöffnet. Dann jedoch steht einer genussvollen Zeitreise nichts mehr im Weg.

Landgasthof Zehentstadl

Herrenstrasse 5
94072 Bad Füssing-Aigen

Telefon: 08537-9618-0

info@zehentstadl.de
www.zehentstadl.de

Öffnungszeiten:
Donnerstag–Samstag
11:00–23:00 Uhr
Sonntag
11:00–17:00 Uhr
Ruhetag: Montag–Mittwoch

Der Huberwirt
in Münchham bei Ering

Nahe dem Inn und somit unweit der österreichischen Grenze liegt im Kirntal im Landkreis Rottal-Inn das kleine Dorf Münchham, Ortsteil der Gemeinde Ering. Im Jahr 725 wurde die Hofmark Ering als Aeringa erstmals urkundlich erwähnt und ist somit die älteste Ortschaft im Landkreis. Münchham wurde mit der Gebietsreform 1971 eingegliedert.

An der Biegung der Dorfstraße, auf einer leichten Anhöhe gelegen, lenkt ein breit gelagerter, zweigeschossiger Blockbau mit flach geneigtem Satteldach die Blicke auf sich. Es ist der Huberwirt, eines der ältesten Wirtshäuser Deutschlands. Schon im 15. Jahrhundert wird das Tafernhaus erwähnt, damals noch auf der gegenüberliegenden Straßenseite südlich der Pfarrkirche St. Mauritius. Aus einer Urkunde geht hervor, dass Wilhelm von Fraunhofen, Hofmeister von Herzog Heinrich dem Reichen von Niederbayern und Besitzer der Herrschaft Erneck, im Jahr 1423 „die Tabern zu Minichaimb mitsambt denen Kellern und allen Zimmern an Abt Jakobus und Konvent" verkaufte.

Das Holzhaus wurde im Jahr 1793 gegenüber dem ursprünglichen Gasthof aufgezimmert

So wurde das Wirtshaus Klostertaverne des Klosters Asbach. Der Betrieb in diesem Haus wurde Mitte des 18. Jahrhunderts allerdings eingestellt. Das Gebäude der mittelalterlichen Tafernwirtschaft riss man jedoch erst im Jahr 1960 vollständig ab.

An seiner Statt wurde 1793 das heute noch stehende Holzhaus aufgerichtet, in dem man den Wirtshausbetrieb weiterführte. Seit jenem Jahr ist die Gaststätte im Besitz der Familie Huber, die die Wirtschaft heute noch im Nebenerwerb betreibt. Die Längsseite des imposanten dunklen Gebäudes ist gänzlich von Schindeln bedeckt; an der Giebelseite ist es im Bereich des Erdgeschosses mit einfachen Kreuzstockfenstern aus den 1930er Jahren ausgestattet. Über eine Treppe – derentwegen das Gasthaus auch den Namen „Staffewirt" trägt – erreicht man den Eingang der Wirtschaft.

Dahinter erwartet den Besucher eine andere Welt: Unter der auf mehreren Unterzügen aufruhenden dunklen Balkendecke des späten 18. Jahrhunderts eröffnet sich eine historische Stube mit einer Ausstattung, wie sie sonst kaum noch zu finden ist. Die halbhohe Vertäfelung der Wände, das Gläserregal und die schlichte Möblierung gehen auf die letzte Modernisierungsphase Anfang der 1950er Jahre zurück. Seit dem Jahr 2000 verfügt die Wirtschaft über eine kleine Schanktheke, eingebaut von der Löwenbrauerei Passau; dies stört jedoch nicht im Mindesten den authentischen Eindruck der Gaststube. Auch den Dielenboden ließ Familie Huber in Anlehnung ans Original erneuern.

Unter den vielen geschichtsträchtigen Details der Einrichtung dürfte die Standuhr neben der Tür zur Küche sicherlich eines der ältesten sein. Sie gehört wohl schon seit der Eröffnung 1793 zum Interieur der Stube. Genau wie die Uhr, so erfüllt auch der kleine schwarze Holzofen von 1946/48 rechter Hand der Tür noch immer seinen Zweck. Weiter muss freilich auch die Radio- und Plattenapparatur der Firma Loewe Opta aus

Der Holzofen von 1946/48 wärmt noch heute die Stube

dem Jahr 1948 erwähnt werden, die mit einem raffinierten Fallmechanismus, einem frühen Plattenwechsler, ausgestattet ist, sodass mehrere Schallplatten hintereinander abgespielt werden konnten. Besonders originell und einzigartig ist die als Einzelstück angefertigte Tischkegelbahn, die ein französischer Soldat in der Zeit um 1870 schuf. Unter einer abnehmbaren Tischplatte kommt sie zum Vorschein und zeigt die Spuren vieler Turniere in geselliger Runde. Doch ist sie immer noch gut erhalten und nach wie vor in Gebrauch. Die Wände der Stube sind ausstaffiert mit kunstfertig geschnitzten Hirschköpfen und Andenken an die Fußballer und Schützen, die hier oft einkehrten, als der Schießstand noch existierte. Auch einige Fotos von Herrn Huber sen. zusammen mit bekannten deutschen Schauspielern finden sich darunter, und so mancher Gast wird Szenen aus bayerischen Heimatfilmen wiedererkennen. Die authentische Wirtsstube des Huberwirts war nämlich schon Schauplatz so mancher Filmproduktion.

Angrenzend an die Gaststube und von ihr durch eine Fensterwand mit teilweise farbigen Scheiben abgetrennt, liegt der im 20. Jahrhundert errichtete Saal. Die Bohlenbalkendecke hier ist wesentlich heller als im Gastraum, ebenso die knappe Wandvertäfelung und der Dielenboden. Von hier aus gelangt man auch in den Keller, in dem sich die frühere Zechstube befand. Heute ist dort ein kleiner Barraum eingerichtet.

Vor einem Besuch der alteingesessenen Dorfwirtschaft sollte man jedoch unbedingt die Öffnungszeiten beachten! Betrieben wird das Gasthaus mittlerweile leider nur noch am Sonntagabend und dann auch nur mit Schankbetrieb, was ganz einfach dem Alter des Wirtsehepaars geschuldet ist. Dennoch bietet sich im Gasthaus Huber in Münchham die einzigartige Gelegenheit, altbayerischer Wirtshauskultur nachzuspüren und das einmalige nostalgische Ambiente eines alteingesessenen Wirtshauses in authentischer Weise zu erleben.

Gasthof Huber Staffewirt

Dorfstraße 15 Münchham
94140 Ering-Münchham

Telefon: 08573 / 346

Öffnungszeiten:
Sonntagabend

Der Gasthof Wasner in Bad Birnbach

Das Bild des Ortes Birnbach im Landkreis Rottal-Inn ändert sich ab 1973 entscheidend. Als nach Ölbohrungen Thermalwasser entdeckt wird, beschließt man, die heiße Quelle zu nutzen, und baut schließlich die 1976 eingeweihte Rottal-Therme. Im Laufe der nächsten Jahre und Jahrzehnte entwickelt sich Birnbach zum florierenden Touristenzentrum, wird zur Marktgemeinde erhoben und erhält den Titel „Bad". Die Gemeinde wächst immer weiter: Hotels, Banken, Geschäfte und Betriebe siedeln sich an, ein neuer Marktplatz entsteht und das Rathaus und einige andere Ämter werden renoviert. Seit 2007 gibt es auch einen Golfplatz.

Aber obwohl die Ortschaft vielen Veränderungen unterworfen war, hat sich Bad Birnbach dennoch seinen dörflichen Charme erhalten können, und so gibt es nach wie vor einige traditions-

Die Liebe zur Dekoration macht sich auch in den kleinsten Räumen bemerkbar

reiche Betriebe, wie den Gasthof Wasner. Die Wirtschaft ist seit 1577 als Tafern bekundet und seit Generationen im Familienbesitz. Damals wie heute wird bayerische Tradition gelebt, mit Gastfreundschaft und gutem Essen kombiniert. Im Wesentlichen hat alles mit Johann und Agnes Wasner zur vorletzten Jahrhundertwende begonnen. Nicht nur, dass sie den großen Saal anbauten, der heute noch Ort vieler Hochzeiten und Veranstaltungen ist, sondern sie waren es auch, die die gleichnamige Metzgerei gründeten. Das inzwischen große Unternehmen wird heute vom Sohn Hannes der jetzigen Wasner-Wirtin Johanna Weber geleitet und versorgt die Gastwirtschaft nach wie vor mit hervorragenden Wurstspezialitäten nach Opas Rezepten. Das Schlachtvieh bezieht er wie schon der Großvater von Bauern aus der Umgebung.

Zur Wirtin: Johanna Weber, die liebevoll nur Hansi genannt wird, übernahm den Gasthof 1980 von ihrem Vater, einem g'standenen Wirt, der durch seine originelle Art beliebt war. Mit ihrem Mann Horst, einem gelernten Möbelfachmann, renovierte sie das Gebäude mit einem Gespür für bayerische Gemütlichkeit. Die gesamte Dekoration geht auf ihr Können zurück und man spürt, dass das auch ihr Steckenpferd ist. Das Konzept geht auf, wie man man auch an den Erweiterungen der letzten Jahrzehnte erkennen kann, sodass der Gebäudekomplex mittlerweile die Gaststube,

das „Kaminstüberl", die „Zirbelstube", den kleinen und den großen Saal, den Biergarten und den seit 2003 bestehenden Hofgarten beherbergt. Auch wenn das Gebäude von außen schon imposant wirkt, ist dieses Ausmaß an Platz dennoch nicht zu erwarten.

Werfen wir einen Blick ins Innere: Links des schön gewölbten Eingangs liegt die gemütliche Gaststube. Viel Holz in warmen Farben begrüßt den eintretenden Gast und sorgt sogleich für ein behagliches Ambiente. Die Tische sind mit kurzen Doppelsitzbänken umstellt, die Wand ist vertäfelt und der Raum wird von einer Kassettendecke geschmückt. Überall weist das Holz Kerben und Spuren auf, was dem jahrelangen Gebrauch geschuldet ist und die reich dekorierte Stube wohnlich wirken lässt. Die Ausstattung des Nebenraums ist identisch. In die weiteren Räumlichkeiten gelangt man über einen Treppenaufgang, dessen Wände die vielen prominenten Besucher des Gasthofs dokumentieren. Besonders hängt die Wirtstochter an der Zirbelstube, da dieser Raum früher das Elternschlafzimmer war und sie und ihre Geschwister hier auf die Welt kamen. In den 1980er Jahren wurde der Raum umgebaut und somit fließt noch mehr Familiengeschichte ins Wirtshausleben mit ein. Weiter gelangen wir in den kleinen Saal. Die Einrichtung ist zwar neu, doch wurde bei den Renovierungsarbeiten streng darauf geachtet, dem Stil des ursprünglichen Aussehens nachzukommen. Um die Abläufe zu optimieren und einen schnelleren Service zu gewährleisten, wurde hier eine zweite Theke eingebaut. Zusätzlich lassen sich die trennenden Butzenglasfenster beiseiteschieben, sodass der kleine mit dem dahinter liegenden großen Saal kombiniert werden kann. Im Anschluss hieran der Hofgarten, untergebracht im ehemaligen Stall – ein Raum mit besonderem Flair. Die Struktur entspricht einem alten Vierseithof, und so gibt es die Möglichkeit, unter freiem Himmel oder

Der Herrgottswinkel darf auch nicht fehlen

überdacht zu sitzen. Bei schlechtem Wetter wird der riesige Schirm in der Mitte aufgespannt, und durch diese Konstruktion ist man bei jeglichen Feierlichkeiten wetterunabhängig.

Nicht nur Auswärtige feiern gerne im Gasthaus Wasner, sondern die Familie ist mittlerweile auch für ihre hauseigenen Veranstaltungen und Partys berühmt. So gibt es jährlich beispielsweise ein Oktoberfest, ein Hoffest, eine Faschingsparty und die Wilderer-Party, die 2005 von Sohn Hannes ins Leben gerufen wurde.

Johannas Traditionsbewusstsein wird vor allem beim Blick in die in bayerischer Mundart geschriebene Speisekarte ersichtlich: Denn jeden Monat gibt es, entsprechend ihres Kalendariums, das sich am altbayerischen Kirchenjahr orientiert, ein besonderes Schmankerl. So stehen beispielsweise Pfingstochsenbraten, Lichtmessbratl oder Martinigans auf dem Speiseplan – um nur einige Leckerbissen aus der Küche zu nennen.

Johanna Weber ist jedenfalls eine Wirtin, wie sie im Buche steht: So ist ein zufriedener Gast, der gerne wieder kommt, der beste Dank für sie. Hier im Gasthof Wasner stimmt alles: gemütliche Einrichtung, gute Qualität der regionalen Produkte, gelebte Tradition, viel Liebe zum Detail und Persönlichkeit – und das alles in einem Gebäude, das trotz seiner Größe durch seine Heimeligkeit überrascht.

Gasthof Wasner

Passauer Straße 9
84364 Bad Birnbach

Telefon: 08563-871

bad.birnbach@hof-wasner.de
www.gasthof-wasner.de

Öffnungszeiten:
täglich
09:00–23:00 Uhr

Autorenteam

Franziska Maria Gürtler, geboren 1989. Studium der Germanistik, Geschichte und Vergleichenden Kulturwissenschaft in Regensburg. 2012 Bachelorabschluss, seit 2013 Masterstudium Germanistik.

Sonja Jessica Schmid, geboren 1989. Studium der deutschen Philologie und Kunstgeschichte in Regensburg.

Gerald Richter, geboren 1965, studierte nach dem Abitur Betriebswirtschaftslehre. Seine Leidenschaft für die Fotografie hatte bereits im Alter von 15 Jahren begonnen. Passioniert eignete er sich den Umgang mit der Kamera, Entwicklung von Filmen und Bildern, die Benutzung von Fachkameras, Studioblitzanlagen und das professionelle Wissen über digitale Fotografie und Bearbeitung an. Über mehrere Jahre gab er an der Universität Regensburg und an der VHS Cham Kurse für Fotografie. Nach dem Studium gründete er 1995 zusammen mit Armin Suppmann die Werbeagentur SUPPMANN & RICHTER, 2002 mit Prof. Dr. Peter Morsbach und Armin Suppmann den Verlag Dr. Peter Morsbach.

Unterwegs im Dienste der Wirtshauskultur: Franziska Gürtler, Gerald Richter und Sonja Schmid

Geschrieben haben:

Franziska Gürtler
Wirtshaustexte: 1, 2, 4, 6, 10, 11, 13, 15, 17, 18, 20, 21, 23, 27, 28, 30, 31, 34, 35, 36, 39, 44, 46, 48, 49
Informationsblock: Franz Xaver Krenkl (S. 49), Shanty-Chor (S. 68), Geschichte der Donauschiffahrt (S. 111), Sparverein (S. 123), Emerenz Meier (S. 146), Slow Food (S. 163), Tafernwirtschaft (S. 179)

Sonja Jessica Schmid
Wirtshaustexte: 3, 5, 7, 8, 9, 12, 14, 16, 19, 22, 24, 25, 26, 29, 32, 33, 37, 38, 40, 41, 42, 43, 45, 47, 50
Informationsblock: Leben im Benediktinerkloster (S. 22), Schäfflertanz (S. 28), Hopfensprossen (S. 39), Geschichte des Bieres (S. 115), Der Goldene Steig (S. 142), Hochwasser in Passau (S. 159)

Peter Morsbach
Wirtshaustexte: Vorwort, 42

Fotografiert haben:

Alle Bilder stammen von Gerald Richter mit Ausnahme von folgenden Bildern:

Brauerei Aldersbach: 113, 114, 116, 117 (unten)
Gasthof Sixt: 40
Gell, Hans, Hauzenberg / Hochwasser in Passau: 159
Hotel-Gasthof bayr. Löwe: 106 (unten)
Hotel-Gasthof Postbräu: 68
Mayer, Clemens / Zur Post: 15
MD Werbung+Promotion e.K. / Gasthof Eigenstetter: 42
Morsbach, Peter: 7, 10

Röhrl, Gabi / Klosterschenke Weltenburg: 19, 23
Schlosswirtschaft Gerzen: 71, 72
Stadtbibliothek Nürnberg, Amb. 317.2°, f. 20v / Leben im Benediktinerkloster: 22
Tafernwirtschaft Hotel Schönbrunn: 57, 58 (oben)
Zdera, Harry / Goldene Sonne: 45
Zierer, HP: 89, 92-93 (oben), 199

Literatur

Wirtshaustext 10 – Quellen: *Stadtarchiv Landshut*.

Wirtshaustext 27 – Literatur: *Adolf Leitl, Gasthof zur Post Winzer. Traditionswirtshaus mit Bürgersaal im Zentrum von Unterwinzer (Zur Geschichte des Marktes Winzer, Heft 3), Winzer 2013.*

Wirtshaustext 49 – Literatur: *Gattinger, Alexa: Gasthaus Huber in Münchham, in: Genuss mit Geschichte. Einkehr in bayerischen Denkmälern – Gasthöfe, Wirtshäuser und Weinstuben, München 2009, 176–178*
Zue, Gerold: Eines der ältesten Wirtshäuser in Deutschland, in: Passauer Neue Presse, 22.09.2012.

1	Der Gasthof zur Post in Riedenburg
2	Brauereigasthof Schwan in Riedenburg
3	Klosterschenke Weltenburg in Kelheim
4	Brauereigasthof Zum Kuchlbauer in Abensberg
5	Gasthof Plank in Lindkirchen
6	Hotel-Gasthof Seidlbräu in Mainburg
7	Gasthof Sixt in Rohr
8	Gasthof Eigenstetter in Rottenburg an der Laaber
9	Hotel Goldene Sonne in Landshut
10	Weißes Bräuhaus zum Krenkl in Landshut
11	Restaurant Bernlochner in Landshut
12	Tafernwirtschaft Hotel Schönbrunn in Landshut
13	Der Grosswirt in Mirskofen
14	Landgasthof zur Post in Mengkofen
15	Hotel-Gasthof Postbräu in Dingolfing
16	Schlosswirtschaft in Gerzen
17	Der Schlappinger-Hof in Reisbach
18	Gasthaus und Metzgerei Hermann Reger in Falkenberg
19	Der Kupferkessel in Tann
20	Das Schlossberghaus Reichenberg in Pfarrkirchen
21	Die Historische Gaststätte Unterm Rain in Straubing
22	Gasthof zum Geiss in Straubing
23	Schlossgasthof Steinach in Steinach
24	Landgasthof Buchner in Welchenberg bei Niederwinkling